남자
허벅지는
만져도
되나요
?

발 행	2024년 10월 20일
저 자	전승민
펴낸이	최현희
펴낸곳	샵북
출판등록	2021년 2월 2일 제251002021000009호
주 소	서울특별시 중구 마른내로 10길12, 삼진빌딩3층
전 화	02-6272-6825
이메일	master@samzine.co.kr
ISBN	979-11-986293-9-5(13330)

ⓒ 전승민 2024, Printed in Korea

※ 본 책은 저작자의 지적 재산으로서 무단 전재와 복제를 금합니다.

※ 잘못된 책은 구입한 곳에서 교환해드립니다.

※ 가격은 뒷표지에 있습니다.

남자 허벅지는 만져도 되나요?

전승민 지음

추천사

남의 집 고양이를 덥석 안으려 드는 사람이 있다

여자가 허벅지 좀 만졌기로서니 너무 과민한 거 아니야? 과잉반응 아니야? 이렇게 생각할 사람도 있을 테다. 중장년 이상 남자 중에서는 '허허, 마달 거 있나요. 고마울 따름이지요.'라고 할 사람도 있겠다. 그런 사람들은 여자를(자기 자신도) 색정의 대상으로만 여기는 거다.

남의 집 고양이를 덥석 안으려 드는 사람이 있다. 사랑에 겨워, 혹은 선심 쓰듯. 상대에 대해 뭘 모르는, 또 굳이 알고 싶지도 않은 사람의 생각 없는 행위다. 고양이도 몸을 허용하는 거리를 자기가 정한다. 가까이 오기, 머리 쓰다듬기, 등짝 만지기 등등.

'몸'은 그 주체의 공고한 영역이다. 몸은, 특히 사람의 몸은 그저 몸뚱어리가 아니다. 마음과 영혼이 담긴, 아니 마음과 영혼으로 이루어진 게 육신이다. 몸이 닿아도 움찔하지 않을 사람을 우리는 '가까운 사람'이라고 한다. 영 마음도 영혼도 모를, 멀고 먼 사람이 불쑥 자기 몸을 만질 때, 더욱이 내밀한 영역인 '성性'역을 치고 들어올 때, 격한 압박감을 어찌 느끼지 않을 수 있을까? 이어서 '나를 우습게 봤다!'는 모욕감으로 무참하지 않을 수 있을까.

'몸'에 대해, '타인의 몸'에 대해 정색하고 생각해보게 하는 이 책은 한편, '피해와 가해가 명명백백하니, 법은 내 편이리라'는 확신으로 대처하는 뭇 순진한 피해자들에게, 빈틈없고 명민한 저자가 겪고 나누는 매뉴얼이 깨알같이 담겨 있다.

황인숙 시인

성범죄와 관련한 상담을 많이 받는다. 그때마다 내가 하는 말이 있다. 피해를 입으면 시간을 지체하지 말고 즉시 반응하라고. 남의 눈치 보지 말고 자신에게 주어진 권리를 행사하라고. 이는 단지 사적인 권리행사에 그치는 것이 아니라 범죄예방의 효과를 높이는 중요한 사회정책적 가치가 있다. 책 내용에는 남자도 피해자가 될 수 있는지에 대한 담론도 있지만 모든 피해자에게 실전적인 도움이 될 만한 훌륭한 사례를 담은 교본이라 생각한다. 구체적이고 전문적인 내용이 잘 어우러져 성범죄 뿐만 아니라 일반 형사적 고민이 있는 분들이 지침서로 삼기에 충분해 보인다. 이제 나에게 법률상담을 하는 사람들에게는 이 책을 먼저 보라고 권할 것이다.

김성훈 변호사

작가의 말

혼자 해냈지만 혼자만의 힘으로는 해낼 수 없었다.

나홀로 소송이었기 때문에 '저 혼자 했어요' 라고 말을 할 때마다 의문이 들긴 한다. 형식적으로는 변호사를 선임하지 않아서 나홀로 소송이지만 그 과정에서 너무나 많은 분들의 도움을 받았기 때문이다. 우선 고소장을 제출할 수 있도록 먼저 제안하고 용기를 준, 게다가 증인으로까지 재판에 출석해준 원재 형에게 너무나 감사하다. 원재형이 없었다면 조금이나마 나의 억울함이 사라지거나 이 책이 나올 수 없었을 것이다.

가끔 생각한다. 세상은 과연 극악무도한 사람들에 의해 나빠지는 것일까? 작품으로 만들어낸 가상의 세계관에서는 선과 악이 이분법적으로 명확하게 나뉘어진다. 하지만 세상은 실제로 그러지 않는다. 나 자신에게서도 선과 악의 내적 갈등이 있으며 누군가에게는 좋은 사람이겠지만, 또 다른 누군가에게는 학을 떼는 사람일 것이다. 극악무도한 사람들의 만행도 있겠지만 어설프게 자신을 착하다고 생각하거나 비뚤어진 정의감에 매몰된 사람들에게도 책임이 있으며 극악무도한 사람들을 응원하고 있는 게 아닐까.

살아가면서 마주치는 굴곡과 고난이 있지만 그럴 때마다 누군가와 함께 이야기를 나눌 수 있다는 것에 감사하게 생각한다. 나와 생각의 결이 같거나, 같은 곳을 바라보거나, 그렇지 않더라도 사유의 깊이가 같아서 내가 무슨 말을 하는지 이해하는 사람들이 소중하다. 이번 일도 그랬다. 누군가는 관계 정리가 되고, 누군가는 더 깊어졌으며 누군가는 새로운 연을 맺게 됐다. 이 책을 통해 나의 이야기를 함께 나눌 수 있는 사람들이 많아졌으면 한다.

'법 없이도 살 수 있는 사람', '경찰서와 법원은 멀면 멀수록 좋다'라는 말에 동의하지 않는다. 나 자신을 보호하는 건 물론이고 그래야 다른 사람을 보호할 수 있기 때문이다. 우리의 행동을 규정하는 것은 법과 제도이다. 가해자는 자신은 추행을 하지 않았고, 접촉이 있었다고 해도 추행이 성립되지 않는다고 주장했지만 법은 추행으로 규정했다.

책을 낼 수 있게 해주신 삼진 커뮤니케이션 대표님과 이사님 그리고 디자이너분들, 추천사를 써주신 황인숙 시인님과 김성훈 변호사님께 감사드린다. 특히 황인숙 시인님은 원고를 읽어보시고는 교정까지 기꺼이 해주셨다. 책을 쓴 입장에서는 더할 나위 없는 영광이다. 그리고 두 아이의 육아에도 책을 쓸 수 있도록 시간을 온전하게 허락해 준 아내에게도 감사하다는 말을 전한다.

2024년 10월
전승민

차례

사건의 시작	15
내 말이 맞다는 걸 보이고 싶어	47
본격적인 소송 진행	71
이어지는 재판, 항소와 상고	99
얼마 쯤이면 충분한 보상이 될까	123
소송을 통해 얻은 것	167

*
이 책은 실화를 바탕으로 작성하였고
등장인물에 관련한 내용, 즉 직업, 묘사, 설명 등
일부 내용은 각색되었습니다

사건의 시작

2020년

3월 청첩장 모임에서 강제추행 발생

4월 SNS에서 공개사과 요구

5월 형사고소 접수

"아니오"

2020년 3월 7일 토요일 저녁 8시 무렵. 지인 결혼 청첩장을 나눠주는 모임에 갔었다. 거기서 처음 보는 여자가 나의 오른쪽 허벅지를 두 손으로 움켜쥐었다. 이게 이 사건의 시작이었다. 사건 내용은 간단했다. 하지만 그것을 증명해내기 위해서는 엄청난 시간과 노력, 비용, 아픔, 그리고 또 적지 않은 사람들의 비난을 치러야 했다.

나는 아내와 페이스북을 통해 만나서 결혼했다. 이런 이야기를 하면 사람들은 어떻게 그럴 수 있느냐며 신기해했다. 어떻게 하다 보니 운이 좋았고, 인연이 된 것이라고 밖에 말할 수 없다. 페이스북은 텍스트 기반 서비스이기 때문에 비슷한 생각을 가진 사람들이 교류하기 좋았다. 그러다 보니 오프라인 기반의 지인 외에도 온라인에서 알게 되는 사람들이 많아졌다. 중간에 겹치는, 이른바 '함께 아는 친구'가 많이 생겼다. 아내와 나도 그렇게 시작했다.

이 청첩장 모임 또한 그렇게 이루어졌다. 페이스북에서 만나 우리처럼 결혼을 하는 커플이 탄생했다. 신랑, 신부가 만혼이었기에 페이스북 친구들은 자기 일처럼 기뻐했다.

사건의 시작

청첩장 모임이었지만 이를 구실 삼아 서로 먹고 마시고 놀자는 분위기에 가까웠다. 아내와 나는 대전에 일이 있어서 서울의 그 모임에 늦게 합류했다. 한 맥주 전문점에 2차인지, 3차인지 일찍부터 만나 술을 마시기 시작해서 취한 사람들도 있었다. 대부분의 사람들이 겹쳐 아는 친구였고, 또 안면이 있는 사이도 많아서 예비 신랑 신부에게 축하인사를 건넨 뒤 자연스럽게 대화에 참여할 수 있었다. 나와 내 아내 결혼 때도 축하의 마음을 보내줬던 사람들이었다.

그런데 거나하게 취한 분위기는 걷잡을 수 없어졌다. 나도 서둘러 매장을 나와 일부 사람을 집으로 보냈다. 아직 해가 떠 있는 시간이었다. 한 40대 남자는 만취해서 나에게 다짜고짜 반말과 욕설을 했다. 그것을 본 몇몇 사람들은 감당이 안 되겠다 싶었는지 말리기보다는 얼른 자리를 정리하기 시작했다. 오프라인으로는 처음 본 사이었지만 페이스북 친구였고, 나와 내 아내 결혼 소식에 축하한다며 소정의 상품권을 메신저로 보내기도 한 분이었다. 평소 태도는 정중했다. 하지만 술만 들어가면 저런 모습을 보인다며 사람들이 일러주었다. 정말 엉망이었다.

그렇게 상황을 수습하고 다음 장소로 이동했다. 근처의 주점이었는데 안주로 전과 부침개 등을 파는 곳이었다.

노포였고 2층으로 올라가는 계단이 나무로 돼 있어서 바닥이 상당히 미끄러웠다. 몇몇을 집에 보냈음에도 10명 정도의 사람들이 남아 있었다. 긴 테이블을 쭉 이어서 한 자리에 둘러 앉았다. 찌개와 소주, 맥주 등 간단하게 주문을 한 후 또 대화를 이어나갔다.

 내 오른쪽에 문제의 그 가해자가 앉게 됐다. 앉다 보니 온 순서대로 자리가 정해지게 됐다. 방금 전 장소에서 술에 취해 나에게 욕한 남자에 대한 이야기가 잠깐 나왔다. 평소에 원래 그랬다는 증언과 그래도 나쁜 사람은 아니라는 옹호의 의견도 한두 명 있었다. 공통의 소재로 이야기를 나누고 난 후 각자 주변에 있는 사람들과 대화가 이어졌다. 그때 가해자 이희현(가명)과도 인사가 시작됐다. 이희현은 머리카락을 노랗게 탈색 하고 10년 전 홍대 같은 거리에서 많이 볼 법한 복장을 했고, 나와 나이 차이가 조금 있었다. 사실 맥주 전문점에서 이희현이 있는 것을 인지했지만 테이블이 다르기도 했고 별로 내키지 않아 인사를 하진 않았다. 말했다시피, 함께 아는 친구가 서로 많기 때문에 교류는 없더라도 종종 보여서 어떤 사람인지 아는 경우가 있다. 그렇게 멀쩡한 사람은 아닌 것 같아서 거리를 지키려 했다. 요즘에 흔히 '쎄믈리에'라는 말이 있다. 누군가를 볼 때 쎄한 느낌이

나는 것이 근거가 없어보여도 이유가 있으니 주의하라는 것이다. 대체로 그런 느낌은 결과적으로 맞는다는 것이 중론이다.

 그럼에도 옆자리에 앉게 된 것, 대화를 시작하게 된 것. 그게 모두 잘못이었다.

 이희현은 내 이름을 묻더니 무언가 생각났다는 듯, 핸드폰을 꺼내 페이스북에서 내 이름을 검색하기 시작했다. 내 프로필이 나왔다. 페이스북의 내 계정 프로필 사진과 내 실제 얼굴을 비교하며 실물이 더 낫다는 말을 했다. 그러면서 그 자리에서 바로 페이스북 친구 신청을 했다. 그 전부터 나를 알고 있었던 모양이다. 이희현은 내 아내와 페이스북 친구 사이였다. 하지만 아이러니하게도 이희현은 내 아내한테 인사도 전혀 건네지 않았다. 아내의 기억에 따르면 보고도 굳이 아는 척 하지 않았던 것 같다고 한다. 무언가 모르게 불쾌했다고 한다. 잠깐이지만 나와 대화 하는 동안에도 얼굴이 점점 가까이 다가오는 바람에 나는 최대한 바른 자세를 유지하며 앞만 보려고 했다. 그때 아내는 또 다른 취한 여자분을 돕기 위해서 제대로 앉아 있지 못하고 왔다갔다 하고 있었다. 그러면서 상대하지 말라고 나를 툭 치며 지나갔다. 당일에는 사건에 대해서 이야기하지 못했지만 나중에 털어놓으니까, 아내는 그 당시 내 모습을 또렷하게 기억하고 있다고 했다. 두 다리를 최대한 붙이고 두 손을 쭉 펴서 무릎 위에 올려놓은 채 군인이 앉아 있듯 정면만 바라보고 있었다고 한다. 참 다행이었다. 조금이라도 희희낙락하는 모습으로 기억했다면 아내가 오해 했을테니 말이다.

잠깐의 정적이 흐른 뒤, 이희현은 갑자기 나에게 다가오며 자신의 두 손으로 내 허벅지를 움켜 쥐었다. 나는 워낙에 순식간에 일어난 일이라 피할 새도 없었다. 내 몸은 얼었고 무언가 해야겠다고 생각했다. 짧은 사이에 많은 고민을 한 끝에 가까스로 한 마디 내뱉었다

"아니오"

많은 의미가 담겨 있는 말이었다. 이희현은 나와 눈이 마주치고는 뒤늦게 정신을 차린 듯이 다급하게 "미안해요" 라고 했다. 그러더니 얼른 자리를 떴다. 이후로 나는 어떻게 자리가 끝나가는지 모르게 멍하니 앉아 있었다. 마지

막 장소도 정리 됐다.

 내 오른쪽에는 이희현이 앉아 있었고, 또 그 오른쪽에는 나와 절친한 형 김원재가 앉아 있었다. 이 형도 페이스북을 통해서 알게 됐지만 서로 비슷한 면이 많아 금세 친해졌고, 어렸을 때부터 알고 지낸 동네 형제처럼 가깝게 지냈다. 맞은편 사람들과 이야기를 나누느라 그 자리에서는 형과 거의 대화를 나누지 못했다. 형은 원래 술을 좋아했지만 다음 날 새벽 일찍 나가야 한다며 그날만은 술을 거의 하지 않았다. 주점을 나가며 같이 화장실에 들어가게 됐는데, 그때 형에게 털어놓았다.

 "형 이희현하고 친해요? 이희현이 내 허벅지를 만졌는데 어떻게 해야 돼요?"

 원재 형도 황당해했다. 일단 그 날 모임은 청첩장을 받으며 결혼을 축하하는 자리였다. 그런 자리에서 분위기를 그르칠 수는 없었다. 형은 나중에 많이 후회 했지만, 일단 넘어가자고 했다. 주점 앞 대로변에서 멀쩡하게 남은 대여섯 명의 사람과 마지막으로 셀카를 찍고 집으로 돌아왔다. 아내에게는 당분간 함구했다.

추행 당시보다 더 화가 나는 건 그 이후더라

다음 날, 페이스북 담벼락에는 전날의 이야기로 뒤풀이가 시작됐다. 잘 들어갔느냐느니, 그래도 어떤 목적 때문에 모였는지는 기억하는지 다시 한 번 축하한다느니, 어제 무슨 일이 있었는데 재미있었다, 마지막 남은 사람들끼리 셀카도 찍었다, 역시 술버릇 안 좋은 사람이 또 술 마시더니 그러더라 등등의 이야기였다.

나는 그 모임에서 가장 어린 편에 속했고, 나와 동갑인 남자 둘이 더 있었다. 그래서 그 남자들 셋을 묶으며 젊고 준수한 것에 대해 잠깐의 칭찬도 이야기 됐다. 이희현은 페이스북에 다시 나타나 어제의 퀸은 자신이었다느니 그런 이야기를 자신의 포스팅으로 쓰다가, 세 젊은 남자를 칭찬하는 말에 대체 그런 사람이 어디 있었냐는 둥 끼어들기 시작했다. 나는 그 말에 또 화가 나기 시작했다. 어제의 사건은 기억 못 하는 건가? 나에게 했던 짓은 무엇인가. 점점 내 안에 분노가 쌓이기 시작했다.

강제추행을 당하고 민형사 소송을 진행한 이야기를 주변 사람들에게 하다 보면 많은 여자들이 공감했다. 희롱이나 추행 등 부당한 일을 겪어보지 않은 여자들이 거의 없을 정도였다. 그런 점에서 나에게 많은 응원을 보냈다. 한편 많은 남자들도 응원을 보냈다. 남자들도 이제 부당한 피해에 대해서 솔직하게 이야기를 해야 한다는 이유였다. 그러다 보면 으레 나오는 이야기가 있다. 성범죄 피해를 받았을 때보다 시간이 점점 지나면서 피해자의 천연덕스러운 모습을 보며 더 화가 난다는 것이었다. 진심으로 사과를 하거나 반성을 하면 실수할 때도 있겠거니 하며 지난 일은 어쩔 수 없지만 넘어갈 수 있겠는데, 오히려 뻔뻔한 태도에 그 날의 기억이 잊혀지지 않는다. 모멸감과 분노가 점점 커져간다.

어디에 말도 못하고 혼자 그렇게 끙끙 앓아야 했다. 그러던 중 사소한 말 몇 마디가 또 내 마음을 건드렸다. 누군가의 포스팅에서 한 유명인에 대한 이야기를 하고 있었다. 예전으로 치면 소년 급제 정도로 일찍이 성공을 거두었던 사람이다. 한 번은 출신 고등학교에서 졸업식 축사를 해달라고 해서 갔다고 한다. 기껏 가서 한 말은 이 학교는 자신에게 아무런 도움이 되지 않았다는 것이다. 그런 말을 할 것이면 왜 굳이 그런 요청을 받아들였는지 의아했다. 내가 보기에 그 사람은 남한테는 전혀 관심이 없는 유형 같다는 의견을 댓글로 남겼다. 그랬더니 이희현이 갑자기 나타나서 자신의 생각은 다르다며 나와 다른 의견을 제시했다. 남을 괴롭히는 데에 즐거움을 느끼는 유형일 것이라는 내용이었다. 별로 공감이 가지 않았다. 그것보다 중요한 건 더 이상 존댓말을 쓰지 않고 말을 놓는다는 것이었다. 만났을 당시에는 인사 정도로밖에 대화를 나누지 않았다. 반말로 주저리 나에게 이런 저런 이야기를 하는 게 거북했다. 후에 내가 고소를 해서 재판이 진행되는 동안 자신은 나와 있었던 일에 대해서 당시 상황이 전혀 기억나지 않는다고 발뺌했다. 그렇다면 언제 봤다고 나한테 그렇게 반말로 뻔뻔하게 나는 전혀 달갑지 않았지만, 친근감을 표시한 것이었을까. 이 일이 나에게 방아쇠를 당기게 한 계기가 됐다.

어떻게 해야할지 고민하던 중에 아내에게 가장 먼저 털어놓았다. 그 날 있었던 일에 대해서 말이다. 두려웠던 지점은 두 가지였다. 네가 혹시 다른 마음 있었던 것 아니냐고 아내가 오해 할 것, 그리고 이 일을 공개적으로 이야기 했을 때 가해자나 다른 사람들 또한 그렇게 몰고가서 오히려 내가 비난 받을 것. 다행히도 아내는 그때 어떤 일이 있었는지는 몰랐지만 앞서 말했듯 분위기를 정확하게 기억하고 있었다. 주관적인 느낌이었겠지만 나와 대화를 나누면서 이희현은 내 아내쪽을 흘겨보며 눈치를 보는 것 같았다고 한다. 게다가 가해자가 조금 정서적으로 불안해서 가까이 지내면 안 될 것 같다는 점에 대해서 공감 하고 있었다. 뒤늦게 이 사실을 안 아내는 뒤늦게 안 만큼 더욱 더 화가 나는 것 같았다.

나와 아내에게는 가해자한테 화가 나는 지점이 또 있었다. 가해자의 페이스북 담벼락에 쓰인 글이었다. 성범죄를 저지른 남자들에 대한 성토가 가득 차 있었다. 직장, 학교, 동네 등 일상 생활에서 알게 된 사람이 어떤 사람인지 실제로 겪어서 파악하는 것보다, 때로는 SNS를 통해 더 빨리 파악할 수 있다고 본다. 그래서 그런지 나와 아내가 페이스북을 통해 알게 돼서 빨리 교제를 하고 결혼에 이르게 된 것 같다. 나는 10대 때부터 PC통신을 통해서 온라인으로 사람들과 교류를 했기 때문에 그 세계가 익숙했고 편했다. 나와 생각이 같은 사람을 일상 생활에서보다 더 쉽게 만날 수 있기 때문이다. 그 사람의 SNS를 통해 가치관과 성향, 관심사 그리고 정치적인 생각도 바로 파악할 수 있다.

평소 SNS에서 성범죄자들에 대한 비판을 자주 해왔던 사람이라면 자신의 행동에 오히려 더 조심해야 하지 않을까. 게다가 그 자리에는 내 아내도 함께 있었다. 아내와 이희현은 서로 아는 사이였다. 어처구니가 없었다. 단순히 손이 스쳤다거나 실수로 보기에는 어려운 행동이었다. 적극적으로 나에게 다가와 두 손으로 나의 오른쪽 허벅지를 감쌌다. 그렇다면 이게 어떤 행동인지 의미를 잘 아는 사람이라는 생각이 들었다. 이희현의 그런 게시글들이 없었다면, 우리와는 도덕관이나 사는 태도가 다른 사람이겠거니 하고 약간의 불쾌감은 있었을지라도 받아들였을지 모른다.

나 자신을 위해서, 그리고 엄연히 같은 자리에 있었음에도 무시 받은 기분을 느낀 아내를 위해서라도 그냥 넘어 갈 수는 없었다.

아무 것도 할 수 없는 답답한 상황

어떻게 대응해야 할지 아내와 이야기를 나누었지만 별 뾰족한 수가 없었다. 법적 대응을 할 수 있을 거라고는 생각하지 못했고 그리고 만약 한다고 하더라도 별 성과는 없을 것이라고 느꼈다. 이게 법적으로 처벌이 될 일이라는 것도 당시에는 전혀 몰랐다.

그리 오래 되지 않은 일이었다. 역시나 페이스북을 통해 오프라인 모임이 열렸을 때 불미스러운 일이 있었다. 앞서 이야기한 청첩장 모임과는 구성이 달랐다. 4~50명이나 되는 많은 사람들이 모였고, 모임을 가진 고깃집이 그 일행만으로 꽉 찼다. 거기에는 주최자를 중심으로 모여서 서로 안면이 있는 사람도 있었지만 처음 만나는 사람들도 많았다. 각자 알아서 자리를 즐겼다. 그 중에서 한 여성 참가자가 다소 노출이 있는 옷을 입었는데 맞은편에 있는 남성 한 명이 행동이 조금 이상했다. 그래서 누군가가 지켜보다가 도촬을 하고 있다는 걸 적발해냈다. 그 남성은 페이스북에 공개적으로 자신의 잘못을 인정하고 진심으로 뉘우치고 있다며 사과의 뜻을 게시했다. 피해자의 요구였다. 그러고 나서 그 남성은 페이스북에 나타날 수 없었다.

가해자가 남성, 피해자가 여성인 경우에는 이렇게 명확하게 잘잘못이 가려지고 일벌백계가 이루어지는 때가 많다. 하지만 나의 경우처럼 반대로 가해자가 여성, 피해자가 남성인 경우에는 애매해진다. 그간의 경험이 없기 때문이다. 고소를 진행하면서 가해자의 주변인들로부터 남자가 뭐 그런 일로 그러냐는 비난을 받기도 했다. 남자다움에 대해 착각하는 구시대적 사고방식이다. 4, 50대 이상의 남자 중에서는 그렇게 생각하는 사람의 비율이 더 높은 것 같다.

물론 피해자가 여성인 경우 사건을 드러내는 데 많은

어려움이 있을 것이라고 생각한다. 신체적으로 자신을 방어하기 힘들기 때문에 어떤 보복을 당할지 모르고, 어느 경우에나 마찬가지지만 괜히 그런 일이 있겠느냐는 추궁을 받을 수 있기 때문이다. 성범죄의 경우 2차 가해가 정말 심각하다. 도리어 피해자를 비난하는 것이다. 그러다 보니 피해자는 사건으로부터 직접적으로 받는 고통 외에 2중, 3중으로 힘들게 된다.

도저히 방법이 떠오르지 않아 일단 가해자와 직접적으로 대면해보기로 했다. 페이스북 메신저를 통해 가해자와 1:1로 이야기를 나누는 방법도 있지만 그것보다는 확실한 방법으로 연락을 취하고 싶었다. 페이스북 메신저는 확인을 하지 않거나 차단해버리면 그만이기 때문이다. 또, 물적 증거가 명확하게 남겨지지 않는 성범죄의 특성상 부인해버리면 그만이다. 그래서 이희현과 절친한 사이로 보이는 모진형(가명)에게 연락했다. 청첩장 모임 당시 모진형은 나에게 친근감을 표시하며 협업할 수 있는 일을 찾아보자고 명함을 주었고 서로 연락처를 주고 받았다. 그와 나는 이전에도 오프라인에서 몇 번 본 사이였다. 일단 카카오톡을 통해 통화가 가능한지 물었다. 가능하다는 답이 바로 왔다.

전화를 걸어서 자초지종을 설명했다.

"혹시 이희현씨 연락처를 알 수 있을까요?"

"무슨 일 때문이죠?"

"제가 추행을 당했는데 직접적으로 이야기를 해보고 싶습니다"

"네? 저는 그게 왜 문제인지 모르겠고, 그런 일 때문이라면 더욱이 가르쳐줄 수 없습니다"

"네, 알겠습니다"

    나의 요구는 매몰차게 거절당했다. 요구가 거절된 것과는 별개로 나는 다급해졌다. 이제 모진형의 입을 통해서 이희현에게 이 일이 전달돼서 대응할 준비를 하기 시작할 것이라는 생각이 들었다. 시간이 없었다. 방법은 이것 하나뿐이라는 절박한 마음에 바로 페이스북에 내가 겪은 일을 공개적으로 폭로했다.

    '이희현님께 공개 사과를 요구합니다' 라고 시작하는 포스팅을 썼다. 사실관계와 함께 아내는 큰 충격을 받아 나에게 이야기를 뒤늦게 듣고는 한숨도 자지 못했고, 잘못을 인정하고 제대로 사과만 건네면 넘어가겠다고 말했다. 평소 페이스북 포스팅으로 성의식과 성인지 감수성을 강조하며 성범죄자들에게 많은 비판을 해 왔으니 만큼 우리 부부의 고통에 대해서 잘 알고 있을 것이라고 본다. 그리고 이희현의 주변 사람들은 이 일에 대해서 2차 가해를 가하지 않아 주길 정중하게 바란다는 내용을 담았다.

다행히도 많은 사람들이 공감하며 함께 분노했다. 남자들도 공감해 줬지만 특히 유부남에게 아내가 있는 장소에서 추근댔다는 사실에 많은 여자들이 분노를 표했다.

사과문의 정석

인터넷에서 화제가 된 글이 있다. 바로 사과문의 정석이다. 삼성전자 이재용 회장과 아나운서 출신 방송인 전현무 씨의 글이 대표적이다. 지금도 검색 엔진에서 검색하면 바로 나올 정도다. 정리하자면 이렇다.

- 자신의 잘못을 사실 그대로 인정한다
- 사과의 대상을 명확하게 알고 있다

- 그런 의도가 아니었다고 변명 하지 않는다
- 후에 이런 일이 없을 것이라는 약속으로 마무리 한다

    살다 보면 사과를 받아도 석연찮은 때가 있다. 잘못했다, 미안하다는 말을 건네면서도 '하지만', '그렇지만' 이라는 접속사가 이어지는 때다. 여지없이 상대방에게서 '너는 그렇게 느꼈겠지만 나는 그런 의도가 아니었다' 라느니, '너도 잘못한 게 있지 않느냐'라느니 하는 말이 나온다. 그 뿐만이 아니다. '너와 내가 함께 했던 지난 세월이 얼마인지 아느냐', '나도 가족과 친구들에게는 좋은 사람이다' 하는 인생극장 스토리를 넘어 나에게 왜 그러느냐 하는 자기연민의 억하심정이 나오기까지 한다. 관계를 떠나서 깔끔하게, 그러니까 잘못에 대한 것만 말하자

    예전에 한 연구 결과를 본 적 있다. 소비자가 이용한 서비스에 문제가 생겼을 때 언제, 어떤 부분에 화를 느끼는지에 대한 연구였다. 정작 서비스의 문제 보다는, 직원이나 기업에 컴플레인을 제기했을 때 여기에 대응하는 태도가 불만족스러우면 그게 더 화가 난다는 것이다. 아마 인간관계에서도 마찬가지 아닐까. 지난 날을 곰곰이 돌이켜보면 정작 상대방이 잘못한 때보다, 그 이후의 태도가 화를 불러일

으키는 때가 많았을 것이다.

　내가 겪은 경험도 마찬가지다.

　약 한 달 반이 걸렸다. 내가 당한 피해를 공개적으로 이야기하기까지 말이다. 사과를 요구하는 포스팅은 금세 화제가 됐다. 갑론을박이 일어났다. 대부분의 사람들은 사건이 사건이니 만큼 내 주장을 믿으며 경악했다. 페이스북에서 나와 교류를 하는 사람들은 내가 페이스북에서 아내와 만나 결혼했다는 사실을 알고 있었다. 처음 사귀는 것부터 결혼 준비까지 모든 것을 봐왔던 사람들이었다. 흔히 중립 기어를 박는다는 표현으로 가해자의 해명이 나올 때까지 기다려본다는 사람들도 있었다. 이들은 후에 가해자의 반성하지 않는 태도를 보고 확실하게 마음을 결정했다.

　하지만 나를 비난 하는 사람들도 있었다. 가해자 이희현과 가까운 사람들이었다. 내가 이희현과 대화를 위해 연락처를 물어본 모진형도 그 중 한 명이었다. 모진형은 후에 이희현의 결백을 위해 많은 도움을 주었다. 이희현의 연하 남자친구 연유석(가명)을 제외하고는 대부분 4~50대였다. 강제추행 등 성범죄에 있어 남자 피해자는 존재하지 않으며, 특히나 술을 먹고 그런 실수는 흔히 할 수 있지 않느냐며 대수롭지 않은 일을 키워간다는 말을 했다.

　　즉각적으로 이희현은 내 포스팅을 인용하며 변명의 여지가 없다면서 그저 잘못했다고 사과를 했다. 정확히는 사과하는 척을 했다. 그러면서 이어가는 말은 이러했다.

　　기억은 나지 않지만 '그러한' 의도는 없었다는 건 분명하게 하고 싶다. 바로 말을 해줬어도 변명의 여지가 없었을 것이다. 공개적으로 사과를 요구했으니 응하겠다. 보상을 원하면 원하는 대로 얼마든지 해주겠다. 아내분께도 깊이 사과 드린다.

　　뒤쪽에 더 자세히 설명할테지만 이게 소송 과정에서 이희현의 유죄를 입증하는 유력한 증거가 됐다. 자신이 잘못을 인정하고 사과한 것이다. 하지만 그러면서 재판 중 자신은 하지 않았지만 피해를 준 것 같으니 평소 자신의 신념에 따라 사과를 했을 뿐이라고 말을 바꿨다.

　　나도 그렇지만 엉성한 사과문을 본 사람들이 가해자에게 항의하기 시작했다

'행동이 기억나지 않지만 그런 의도는 없었다는 건 어떻게 믿습니까?
믿든 말든 난 그런 사람이 아니라는 걸 꼭 말해야 하나요?'
'아무리 나랑 사상이 같다고 해도 남의 남자에게 꼬리치는 여자는 피해야..'

'고소하세요'

'사과나 대응 보니 참 기가 막히는군요'

'고소하라고 했더니 차단 당했네요'

'고소하고 처벌해서 전국민에게 신상공개 합시다'

가해자는 일단 혼란스러운 것 같았다. 가해자의 해명 중 일부 내용은 이해가 가기도 했다. 하지만 그럴 수 있다는 생각까지 들지는 않았다. 아마 그동안 자신이 성범죄자들을 비난하는 입장이었고, 그들과는 다르다고만 생각했지 본인이 가해자가 될 것이라고는 전혀 상상도 하지 못했을 것이다. 그래서 자신은 그런 사람이 아니라고 밝히고 싶었다는 말을 한 것 같다. 하지만 가해자가 지금까지 어떤 삶을 살아왔건, 내가 가해자에게 겪은 피해는 독립적인 사건이다. 가해자는 그간 자신이 비난했던 성범죄자들이 쓰는 언어와 행동을 그대로 썼다. 이것은 후에 재판 과정에서도 그랬다. 고소하기 전에 약 한 달 반 동안 끙끙 앓았던 건 아무 것도 아니었다. 사과랍시고 한 가해자의 변명을 보니 더 화가 났다. 드라마 속 비련의 여주인공처럼 '삶이란 비루하군요..' 라는 말을 하기도 했다. 비꼬는 것인가 싶었다. 얼굴이 뜨겁게 달아오르며, 입을 너무 꽉 깨물어 턱이 아파 왔고, 머리까지 아팠다.

    이희현의 주변 사람들이 나에게 하는 비난, 그러니까 2차 가해가 나와 아내를 더 힘들게 만들었다. 피해를 받은 건 나인데, 왜 내가 비난을 받아야 하는지 이해가 가지 않았다. 특히 이희현의 남자친구 연유석은 자신의 여자친구가 오히려 마녀사냥을 당한다고 했다. 이 일이 있기 전에는 누구인지 전혀 알지도 못했던 사람이다. 이희현 지인들은 사람들이 나와 친분 때문에 사리분별을 제대로 하지 못하고 내 편을 든다고 했다. 적반하장이었다. 정작 이희현은 자신의 잘못을 시인하는 듯한 태도를 취했다. 친분에 의해 판단이 흐려지는 것은 너희들이라고 말했지만 소 귀에 경 읽기였다.

거기에 화룡점정은 사과문이 게재된지 하루도 되지 않아 올라온 이희현과 연유석의 포스팅이었다. 연유석은 베이시스트로 밴드 세션을 했다. 이희현은 그림을 그리는 일을 한다. 재판 중 판사가 직업을 물었을 때 화가라고 답했다. 연유석이 좋아하는 한 1세대 펑크락 밴드의 곡을 리메이크 했다면서 이희현의 일러스트와 함께 제작한 뮤직비디오 영상을 버젓이 페이스북에 이희현을 태그해서 올렸다. 이희현을 태그하지 않고 연유석의 페이스북에만 올렸다면 아마 몰랐을 것이다. 안그래도 사과 같지 않은 변명에 괘씸했는데, 그러고 나서 바로 남자친구와 낄낄 대며 동영상을 올리는 모습에 그냥 넘어가면 안 된다는 생각이 들었다. 이것이 고소장을 제출하는 계기가 됐다.

성추행이 아니라 강제추행입니다. 고소장을 작성하다

며칠 동안 기분이 좋지 않았다. 제대로 된 사과를 받지 못했고, 나와 아내가 받는 고통과는 별개로 가해자는 아무렇지 않게 일상을 보내고 있었다. 아는 형이 회나 먹자면서 불러서 나갔지만 마음 한 켠이 무거웠다. 그 자리에는 내가 최초로 강제추행을 고백한 김원재 형도 있었다. 어느 정도 이야기를 나누다가 원재형이 바람이나 쐬자며 나가자고 했다. 흡연구역에서 형은 담배에 불을 붙이며 말했다.

"야 생각해보니까 이거 그냥 넘어가면 안될 것 같아"

내가 당한 일을 털어놓았을 때 그냥 넘어가자고 한 것이 너무 미안했고, 이희현의 태도를 보니 자신도 화가 났다고 했다. 잘못에 대한 책임을 지게하는 것이 마땅한 것 같으니 증인으로 나서서 도와준다고 했다.

그 말에 어느 정도 힘이 났지만 걱정이 앞섰다. 과연 이것을 입증할 수 있을까? 도리어 내가 고소하면 무고죄로 처벌 받는 게 아닐까? 무죄가 나올 경우에 가해자가 도리어 자신의 결백이 증명됐다며 기고만장해지는 것은 아닐까? 쉽지 않았다. 나중에 안 사실이지만 무고죄라는 것은 고소를 당한 피고소인이 무혐의, 그러니까 무죄라고 적용되는 것이 아니다. 거짓을 바탕으로 상대방이 처벌을 받도록 하기 위한 고의성이 있어야 한다.

나는 법을 전공하지도 않았고, 고소장을 작성하는 방법조차 잘 몰랐다. 변호사를 선임할 수도 있었지만 확신이 없었다. 형사 사건의 경우 변호사를 선임할 때 드는 비용은 각각 다르지만 최소 500만 원 정도 든다. 피고소인이 유죄가 나도 이 돈은 보상받지 못한다. 고스란히 나의 부담인 것이다. 성범죄는 피해자가 여러 이유로 고통 받는다. 입증에 대한 책임, 2차 가해, 그러면서 내가 당했던 일을 계속해서 떠올려야 한다. 경찰서에 고소장을 제출하고 피해자 조사를 받았던 날을 아직도 기억한다. 하루종일 멍한 상태였다. 같은 일을 하는 친구들과 스터디를 했는데 말도 제대로 나오지 않았다. 물론 피해자 조사 과정에서 강압적인 분위기나 불편했던 점은 없었다. 수사관은 친절했다. 나는 다만 이런 상황에 처해 있다는 사실이 싫었다.

사실 강제추행을 당한 것이 처음이 아니었다. 이 일이 있기 5~6년 전에도 있었다. 그때는 겁이 나서 변호사 상담만 받았을 뿐 어떤 대응도 하지 못했다. 만났던 변호사 분은 여성이었다. 내가 겪은 일을 공감해주며 적극적으로 도와주려고 하셨다. 하지만 용기가 나지 않아 감사했다는 말로 마무리를 지었다. 깊은 후회와 응어리가 남아 있었다. 이번에는 그래도 무언가 다르지 않을까 싶어서 그 변호사분께 다시 한 번 연락을 드렸다. 전화번호가 아직 남아 있었다.

"변호사님 안녕하세요? 잘 지내셨어요?
저 기억하시죠?"

"네 안녕하세요"

"또 이런 일로 연락 드려서 죄송하지만, 제가 강제추행을 얼마 전에 겪어서 법적 대응을 할까 해요. 어떻게 해야 할까요?"

"혹시 증거가 있나요?"

"아니오. 없습니다"

"CCTV 화면이라도 있으면 좋은데 주점에 가서 CCTV가 남아 있는지 한 번 확인 해보세요"

"네 일단 그렇게 해보겠습니다"

    전화를 끊자마자 바로 주점으로 가서 사장님께 사정을 이야기하고 그 날의 CCTV 영상을 혹시 볼 수 있는지 여쭤봤다. 내가 앉았던 자리에는 CCTV가 없었고, 또 있었다고 하더라도 보관 기간이 지나있었다. 법적 보관 기간은 30일이다. 특별한 경우를 제외하고는 그 기간이 지나면 파기해야 한다. 보통 개인이 운영하는 업장의 CCTV는 저장 용량이 크지 않아서 오랫동안 남아 있지 않기도 한다. 당시에는 정말 막막했다. 터덜터덜 걸어서 집으로 돌아왔다. 재판이 진행 되면서 이 일을 갖고 가해자 측에서는 내가 모함에 빠트리려고 일부러 증거가 없는 것을 확인하고 고소했다고 역으로 공격했다.

　　　인터넷으로 검색해서 나온 형사 고소장 양식을 다운받아 작성하기 시작했다. 나의 인적사항과 가해자의 인적사항, 고소취지, 범죄사실, 고소이유, 인적 증거, 증거 서류를 채워넣었다. 이름을 제외하고는 가해자에 대해 아는 것이 없었다. 신원을 특정한다고 하는데, 수사기관이 수사를 할 수 있도록 구체적인 정보를 제공하는 것을 말한다. 이름과 주소, 생년월일, 전화번호를 알면 가장 좋다. 기업이나 기관에 상대방을 특정할 수 있는 정보가 있다면 국내에 소재를 둔 곳일 경우 수사기관에서 수사 협조 요청을 한다. 이를테면 휴대폰 번호만 아는 경우에 통신사에 정보를 제공해달라고 요청한다. 그러면 신원에 대해 구체적으로 알 수 있다. 국외에 소재를 둔 경우 중범죄가 아니면 수사 요청이 이루어지기 힘들다. 최근 한 여자 아이돌에 대해 허위 사실을 지속적이고 악의적으로 유포한 유튜버에 대해 수사 기관에게 신원 정보 제공이 이루어졌다. 유튜브의 본사가 있는 미국 법원에 협조 요청을 해야한다. 법원의 승인이 나는 경우는 드문 일이라고 한다.

다행히도 이희현은 대중을 상대로 하는 직업이었기에 네이버 프로필도 있었고, 그의 SNS와 인터넷을 뒤져서 특정할 수 있는 정보를 찾아냈다. 생년월일과 서울의 어느 구에 사는지 정도였다. 단지 추정이었다. 이 정보가 맞았는지 이것을 토대로 수사기관이었던 경찰서에서 가해자한테 연락이 닿을 수 있었다.

작성한 고소장은 이러했다.

1. 고소인인 나에 대한 정보

2. 피고소인인 이희현에 대한 정보

3. 고소 취지
고소인은 피고소인을 성추행으로 고소합니다.

4. 범죄 사실
피고소인 이희현은 2020년 3월 7일 토요일 저녁 8~9시 경, **구 **동의 *** ***에서 술자리를 갖던 중 고소인 전승민의 허벅지를 양손으로 움켜쥐었습니다.

5. 고소 이유

당시 저는 피고소인 이희현을 처음 보았으며, 제 아내와 그 자리에 동석했습니다. 이희현은 제 아내의 존재를 인지하고 있었습니다. 이희현이 필요 이상으로 저에게 몸과 얼굴을 밀착한 상태로 저에게 말을 건네자, 아내가 불쾌해하며 저에게 더 이상 대꾸주지 말 것을 주의 시켰습니다. 이희현과 저는 몇 마디의 별 뜻없는 대화만 주고 받았는데, 제 아내가 자리를 비우자 이희현은 허벅지 둘레를 재려는 듯 양손으로 제 허벅지를 움켜 쥐었습니다. 제가 거부 의사를 보이자 이희현은 바로 손을 뺐습니다. 성기에 가까운 부위였고, 제 의사에 반하여 피고소인의 마음대로 저에게 접촉을 했습니다. 저는 이 일로 심각한 분노와 수치심을 느끼고 있습니다. 게다가 아내가 이 사실을 알고는 굉장히 심한 정신적 고통을 호소하여 일상 생활에 지장을 받고 있습니다. 공정한 법의 심판으로 피고소인이 처벌 받을 수 있길 바랍니다.

6. 인적 증거

김원재 (신상정보 기재)

7. 증거 서류

　　병원 진단서 (추후 제출)

　　SNS 페이스북 포스팅 캡쳐 PDF

　일단 가까운 경찰서로 가서 고소장을 접수했다. 담당자에게 고소장을 제출하고 접수 번호를 받았다. 그러고 나서 연락이 올 때까지 기다린다. 그동안 어떤 수사관이 사건을 맡을지 배정된다. 성범죄를 맡는 부서는 여성청소년과다. 사건이 배정되면 수사관과 시간을 조율 후 경찰서를 방문해서 피해자 조사가 이루어진다. 조사 시간은 보통 한 시간에서 두 시간 정도 걸린다. 수사관은 내가 제출한 고소장과 증거에 의거해서 사건의 내용을 파악하고 구체적으로 나에게 묻는다. 경찰 조사를 받을 때 녹취나 영상 촬영을 요청할 수 있지만 나는 굳이 필요하지 않았다. 수사관의 자리에서 마주 보고 조사가 이루어지기도 하고, 다수가 이용하는 사무실이기 때문에 때에 따라 조사를 받는 별도의 작은 방에서 이루어지기도 한다.

　경찰서 내부로 들어가려면 1층에서 게이트를 지나야 한다. 출입증을 찍으면 문이 열린다. 출입증이 없으면 그곳을 지키는 직원에게 방문 목적과 대상을 알리면 된다. 게이트를 열어주는 사람이 여성청소년과가 어디 있다고 안내 해주기도 하고, 담당 수사관이 직접 나와서 인솔 해주기도 한다. 경찰서를 방문하는 것은 그렇게 유쾌한 경험은 아니다. 분위기가 건조하고 냉랭하다. 수사관들도 불친절한 것은 아니지만, 항상 범죄를 접하고 격무에 시달려서 그런지 무뚝뚝하다는 인상을 받을 수 있다. 그렇지만 접하다 보면 시민을 위해 일하는 분들이라는 생각이 들면서 긴장이 처음보다는 줄어든다. 내 강제추행 사건에서 유죄 판결이 이루어진 것에 대해 담당 수사관 분께 진심으로 감사하다.

    조사가 시작됐다. 내가 누군지 신상정보를 말하는 것부터 조서가 작성된다. 수사관은 고소장을 바탕으로 구체적인 내용에 대한 질문이나 여러 각도로 질문을 건넨다. 조사를 받다 보니 내가 참 과문하다는 생각이 들었다. 무슨 용기였을까. 정확한 혐의명은 성추행이 아니라 강제추행이었다. 형사법 중 어떤 조항에 의해 위법인지도 몰랐다. 과정을 겪고 나서 보니 보통 추행과 같은 성범죄는 입증이 어려워서 가해자가 무혐의로 결론 나는 경우가 많은데 운이 좋았다는 생각이 들었다. 친한 동생의 한 여자 지인은 추행을 겪었지만 입증을 하지 못해 가해자가 법적 처벌을 피해갔다고 한다. 고소장을 제출하고 피해자 조사를 받고 나서 그때서야 오히려 법률과 판례 등을 열심히 검색해가며 공부했다. 결과가 나올 때까지 아내와 나는 정말 깊은 걱정에 빠졌지만 이것에 대해 구체적인 대화는 피했다. 무죄를 예상하든, 유죄를 예상하든 우리가 할 수 있는 것은 없으며, 괜히 결과에 상처받을 것 같았다. 부정이 탈 수 있으니 섣불리 단정 짓지 않는 게 우리에게 좋을 것 같았다. 그만큼 간절하고 절박했다.

    피해자 조사가 끝나면 수사관이 타이핑 한 조서를 프린트 해와서 혹시 잘못된 내용이 없는지 확인을 요구한다. 잘못된 내용이 있으면 수정을 하고, 없으면 지장이나 도장을 찍는다. 조서 매 장마다 꼼꼼하게 간인과 함께 날인한다. 조사 중 가해자가 페이스북 메신저를 통해 나에게 사과를 건넨 내용도 있다고 하니 그것도 증거 능력이 있을 수 있으니 캡쳐해서 제출하라는 요청이 있었다. 정신과 스트레스 검사 소견서와 함께 추가 제출했다.

내 말이 맞다는 걸 보이고 싶어

2020년

<u>6월</u>　　　기소 의견 송치, 검찰 약식기소

<u>8월</u>　　　피고인 이의제기, 정식재판 청구

주변의 만류와 따가운 시선, 2차 가해

　　사건을 수면 위로 올리고, 법적 대응을 진행하는 동안 상처가 컸다. 응원해주는 사람들도 많았지만 비난하는 사람도 많았기 때문이다. SNS에서 이루어졌기 때문에 나에 관련된 이야기는 대부분 볼 수 있었다. 사람들이 오프라인에서 이야기하던 것도 내 귀에 들어왔다. 예기치 못하게 내 사건을 깃발 삼아 이희현을 공격하려고 했던 무리도 있었다.

　　가까운 사람들 중에서도 나를 걱정하는 듯 굳이 그럴 필요 있냐는 의미를 내비치기도 했다. 나를 정말 걱정한 것일 수도 있지만 예민하게 느껴졌다. 친남동생이 하나 있는데, 오랜만에 전화를 하다가 소송을 진행 중이라고 말했다. 동생은 "괜찮겠어?" 라고 하고는 더 이상 왈가왈부 하지는 않았다. 아마 같이 크는 세월 동안 흔히 하는 말로 좋게 좋게 넘어가지 않는 형의 성격을 잘 알고 있어서 그런 듯했다.

　　한 번은 이런 일이 있었다. 내 친구 중에 이희현의 남자친구 연유석과 고등학교 동창이 있다. 우연찮게 전화로 근황을 나누던 중에 연유석에 대한 이야기가 나왔다. 고등학교 졸업 이후 연락은 별로 하지 않았다는 데 이 사건을 잘 알고 있었다. 그 친구도 나에게 핀잔을 줬다. 굳이 그럴 필요가 있냐는 것이었다. 만약에 자신이 이희현의 남자친구였으면 너에게 해코지를 했을 것이라는 말도 했다. 나와는 20년 가까이 친하게 지낸 친구였기 때문에 서로 별 이야기를 다 하는 사이였고, 평소 내 성격에 대해 자주 핀잔을 줬다. 나는 기분이 상해서 그런 이야기를 할 거면 그냥 전화 끊자고 말하고, 해코지에 대해서는 그러면 나는 또 고소할 것이라고 답했다.

실제로 그랬다. 고소장을 제출하면서 혹시나 모를 신체적 위협에 대해 아내와 걱정했다. 거주하는 곳이 서로 멀지 않았고, 주변인들을 통해서 우리가 어디 사는지 충분히 알 수 있기 때문이다. 형사 소송은 고소인의 신변이 피고소인에게 잘 드러나지 않지만, 민사 소송은 소장을 통해 원고의 주소와 같은 신상 정보가 피고에게 드러난다. 변호사를 선임하면 해당 사무소로 주소를 기재하면 되긴 한다. 지인에게 소개 받아 소송에 도움을 주신 사무장님이 계셨다. 이 우려를 말씀드리자, 별일 아니라는 듯 그렇게 겁나면 민사 소송을 하지 않는 것이 낫다고 대수롭지 않게 말씀하셨다. 수십 년 동안 사무장으로 일하면서 그런 일은 별로 없었다는 것이다. 그 말이 위안이 되기도 했다. 하지만 한편으로는 호기롭게도 이런 생각도 들었다. 성범죄 사건에 대해서는 이희현과 그 지인들이 그럴 수도 있지 않느냐며 옹호하는 목소리가 있지만 나에게 해코지까지 대하면 너희들은 완전히 얼굴을 들고 다닐 수 없지 않겠냐 하는 것이다. 그래도 위협을 항상 염두에 두기는 해야 했다. 다행히도 소송 과정 중 이희현과 남자친구, 이희현에게 많은 도움을 준 모진형과 법원에서 몇 번 마주쳤는데 불미스러운 일은 없었다. 나와 내 아내 주변을 일부러 찾아온 적도 없었다.

    모진형은 처음 내가 도움을 청했을 때 딱 잘라 거절하면서 제 3자로서 말려들지 않고 싶어하는 듯했다. 하지만 이희현을 적극적으로 옹호하고, 소송 과정에서 이희현에게 오히려 남자친구보다 더 적극적으로 도움을 준 것 같았다. 재판이 여러 번 진행됐는데, 이희현이 출석해야 하는 공판이었다. 출석 요청이 없더라도 나는 모든 재판을 방청했다. 서울서부지방법원에 갔더니 모진형이 보이는 것이었다. 항상 중절모를 쓰고 다녔다. 멀리서 보고 맞는지 확인하고는 다가가서 물었다

"모진형씨 이희현 재판 때문에 온 거예요?"

모진형은 잠시 뜸을 들이더니 천연덕스럽게 대답했다

"내가 법원에 올 일이 또 없는 줄 아세요?"

그 뻔뻔한 모습에 어처구니가 없었다. 내가 알 게 뭐냐는 대꾸로 대화는 끝났다. 나중에 사건 관련해서 초상권 관련 민사 소송을 통해 알게 된 사실이지만, 모진형은 이희현 모르게 페이스북에 게재된 내 사진을 1심 변호사에게 제공한 듯했다. 모진형은 자동차 관련 일을 하고 있었는데 1심 변호사의 이력을 보니 교통사고 관련이 많았다. 변호사 소개도 해준 듯했다. 고소장에 이희현과의 일로 인해 일상생활에 어려움을 겪었다고 하소연 했더니, 페이스북 친구들과 오랜만에 만나 즐겁게 함께 찍은 셀카를 반박 자료랍시고 제출했다. 그 사진은 같이 만난 사람들 중 한 명이 게재했다. 허용된 리스트에 있는 사람만 볼 수 있는 '일부 공개 설정'으로 아무나 볼 수 없었다. 이희현도 차단 돼서 볼 수 없었다. 리스트에 있는 사람 중 이희현을 적극적으로 옹호하면서 계속해서 친분을 유지하고 있는 사람 두 사람이 의심됐었는데 그 중 한 명이 모진형이었다.

앞서 말했듯 이희현의 지인 중 특히 4, 50대들은 두 가지로 이유로 나에게 비난했다. 술 먹고 그럴 수 있지 않느냐, 남자가 그런 일로 굳이 법적 대응까지 하느냐. 아마 본인들의 실수를 옹호하고 싶어서 그러지 않았을까 싶다. 믿을 만한 지인으로부터 모진형이 예전에 술 때문에 문제가 생겨 첫 직장을 그만둬야 했다는 이야기를 듣기도 했다. 확실하진 않다. 나는 체내에 알콜 분해 효소가 없기 때문에 술을 잘 마시지 않는다. 캔맥주 큰 용량 500ml도 다 마시지 못할 정도다. 나는 술 때문에 실수를 하거나 자기 관리가 안되는 사람이 너무 싫었다. 정신을 잃지 않을 정도로 적당히 마시고 실수를 할 것 같으면 바로 자리를 떠서 귀가하면 된다. 왜 그렇게 술에 관대한 지 모르겠다.

그리고 또 이 일로 모진형의 에피소드가 드러났다. 모진형의 여자 문제였다. 이 사건과 관련 없지만 한 페이스북 여성 유저가 있었다. 나이는 마흔을 넘겼고 미혼이었다. 한 번은 모진형이 일행 한 명과 거하게 술을 마시고 집 근처로 찾아와 술 한 잔 하자며 자신을 불렀다고 한다. 술자리를 갖고 집까지 데려다 준다면서 골목길을 함께 걷는데 갑자기 무릎을 꿇고 자신의 마음을 받아주지 않겠냐는 것이다. 흔히 썸이라고 하는 교감도 전혀 없었고, 술을 마신 상태에서 이러는 건 아니라는 생각이 들어 여성 분이 그만두라고 했다고 한다. 걸음을 옮겨 혼자 얼른 집으로 들어갔고, 다음 날 아침 불쾌한 감정이 들어 문자메시지로 정중하게 사과를 요구 했다고 한다. 그랬더니 모진형은 사과인지 모르겠지만 미안하다는 말을 건네며 느끼한 말을 덧붙였다.

'사나이의 순정이었고, 자신이 잘못했다면 미안하다, 혹시 괜찮다면 어제 술도 마셨으니 함께 해장을 할 수 있는 영광을 주지 않겠냐'라는 것이었다.

이 내용은 캡쳐로 나에게도 전달 됐다. 그리고 또 지방에 사는 여성 분이 있었다. 그 여성은 위 이야기를 들으며 자신이 겪은 이야기도 뒤늦게 꺼냈다. 모진형이 자신이 사는 도시에 왔다고 하면서 냉면이나 한 그릇 같이 하지 않겠느냐고 연락을 했지만 왠지 께름칙한 생각이 들어 거절했다고 한다. 이제 와 그런 이야기를 들으니 잘했다는 생각이 들었다는 말도 덧붙였다. 이렇게 이희현을 옹호하는 주변 사람들은 다 술과 성 의식에 문제가 있다고 보여졌다. 역시 누군가에게 쎄한 감정이 들면 경계해야 한다.

이희현 주변 사람들을 필두로 나에 대한 2차 가해가 이루어졌다. 이야기는 똑같았다. 그게 그렇게 심각한 일이냐고 말이다. 처음 사건을 수면 위로 올렸을 때, 나에게 호의적이었던 사람들 중에는 법적 대응을 하는 것을 보고 돌아선 사람들도 있었다. SNS는 하는 이야기들이 다 게시물로 남겨지고, 팔로우, 차단 등으로 관계를 쉽게 파악할 수 있어서 누가 등을 돌렸는지 모를 수 없었다. 기가 막혔던 것은 다들 한편으로는 정의감이 넘쳤다는 것이다. 모진형은 성인이 된 아들과 딸이 있었다. 이희현의 재판을 도와주며 자신의 아들이 성범죄를 저지르면 자신이 먼저 나서서 경찰서로 데려가 벌을 받고 정신 차리게 한다고 호언장담하기도 했다. 정의감에 균형감이 빠져 있었다. 자신이 많은 여성들에게, 흔한 말로 찝적거렸던 일은 어떻게 생각하는 걸까. 시대와 사회가 바뀌었다. 남자도 성적 불쾌함을 표현할 수 있다. 무조건 이해하고 넘어가 주는 게 남자다운 것이 아니다. 경찰과 검찰, 법원도 사회의 변화를 받아들였다. 그래서 좋은 결과가 나올 수 있었다.

그때는 왜 하지 못햇을까

이희현에게 법적 대응을 할 수 있었던 것은 그 이전 경험으로 쌓인 분노가 있었기 때문에 폭발한 것도 한몫한다고 본다. 앞서 말했듯 이전에 강제추행을 당했던 일이 있었다. 그때는 법적 대응을 시도하려다가 용기가 나지 않아 그만 뒀다.

　　대학을 졸업할 무렵 나는 고민 끝에 성우를 준비하기로 했다. 본래 중, 고등학교 때부터 음악과 라디오 방송을 들으며 마음에 위안을 삼아왔다. 특히 고등학교 때 자퇴를 고민하면서 마음을 털어놓을 곳이 없었는데 매일 밤마다 라디오를 듣는 것이 큰 낙이었다. 누군가 내 이야기를 들어주는 것 같은 기분이 들었다. 그래서 라디오 진행 같은 방송 관련 일을 하고 싶었다. 섣불리 할 수 있을 것이라는 자신감이 생기지 않았다. 그래서 마음을 고쳐먹고 일반 기업 취업 준비를 해봤지만 아무래도 그 길은 나의 길이 아니라는 생각이 들었다. 한 번 도전해 보기로 결심했다. 학원을 다니다가 유명한 성우 분을 알게 됐다. 그 분께 그룹레슨에서 5년 정도 성우 수업을 받았다. 그동안 레슨 인원은 합류와 중단이 반복되면서 계속 바뀌었다. 많을 때는 10명 정도가 됐다가, 4~5명까지 줄기도 했다.

　　성우에 대한 많은 오해가 있다. 성우는 본래 연기자다. 외화 더빙이든 애니메이션이든 내레이션이든, 목소리로 모든 것을 표현해야 하는 직업이다. 그래서 성우를 하다 영화나 드라마에서 배우로 활동하는 분들이 꽤 있다. 성우 활동을 하며 무대에 대한 갈증이 있어서 많은 성우들이 연극을 하기도 한다. 나는 두 방송사 성우 공채 모집에 최종 전형까지 올랐지만 최종 합격을 하지 못해서 결국에는 성우 준비를 그만뒀다. 방송사 티오가 너무 적었다. 4~5개 방송사 밖에 성우를 뽑지 않았는데 다 합쳐봐야 티오가 20여 명 남짓 될까 했다. 남 녀 모두 합쳐서다. 비록 공채 성우가 되진 못했지만 지금 나는 내레이션, 광고 녹음 등 성우 일을 하고 있다.

    성우 선생님께 수업을 받던 어느 날, 당시에는 활동을 하지 않는 여자 연기자 박주화(가명)가 수업을 들으러 왔다. 90년대 한 지상파 방송사 탈렌트 공채에 뽑혀 활동 하다가 결혼을 하고 애 둘을 낳고 보니까 점점 일이 줄어 활동이 끊겼다고 했다. 그래서 재기를 위해 연기를 배우러 왔다고 했다. 주연은 아니지만 꽤 인상 깊은 조연이었서 당시에는 텔레비전에 활동을 안 했지만 식당이나 길거리에서 알아보는 사람들이 종종 있었다.

    꽤 오랫동안 같이 수업을 들었기 때문에 많은 일이 있었다. 종종 회식을 하기도 했다. 성우 선생님이 방송국 방청권을 준비해주시면 학생들이 다같이 가서 보기도 했다. 그러던 중 불상사가 벌어졌다. 한 번은 같이 수업을 듣는 누나

한 명이 자신의 연극 동아리가 직장인 연극제에 참여한다고 해서 다 같이 보러 갔다. 수원에서는 매년 문화 축제와 함께 직장인 연극제를 개최했다. 성우 선생님도 같이 가셨다. 연극을 보고 근처 갈빗집으로 저녁을 먹으러 갔다. 갈빗집 근처는 모텔촌인지 고개를 조금만 돌리면 모텔들이 즐비했다. 나는 박주화와 갈빗집 문을 통과하며 여기 왜 이렇게 모텔이 많냐는 이야기를 했다. 그랬더니 박주화가 불쾌한 농담을 던지는 것이었다.

"여기 왜 이렇게 모텔이 많아?"
"그러게요. 되게 많이 있네요."
"한 번 갔다 와"

무슨 말인지 이해가 가지 않았다

"네? 누구랑요? 혼자 쉬러요?"

그랬더니 쑥쓰러운 듯 풉 하고 웃으면서 나에게 얼굴을 들이밀며 이렇게 말했다

"나랑"

그리고는 끌끌거리며 혼자 웃었다. 나는 불쾌했다

그때부터 박주화가 불편했다. 박주화는 배우 활동을 할 때도 유흥업소에 일하는 역할을 맡아서 그런 이미지로 기억을 많이 했다. 평소에는 입버릇처럼 남자들 왜 이렇게 바람을 많이 피냐고 욕을 해댔다. 한 번은 어떤 남자가 자신이 유부녀인 걸 알면서도 교외로 함께 나가 애정 고백을 했다고 한다. 주책이었다. 자신보다 나이 어린 동생들에게 왜 그런 이야기를 계속 하는지 이해가 가지 않았다.

그리고 또 불쾌한 일이 생겼다. 전에 같이 수업을 듣던 형이 결혼을 한다며 청첩장을 주겠다고 찾아온 날이었다. 선생님이 잘 아시는 당산의 한 치킨집으로 갔다. 날씨가 좋은 계절이어서 야외 테이블에 앉아 치킨을 먹고 맥주를 마셨다. 그때도 나는 술을 마시지 않았다. 무언가 이야길 하다가 박주화는 자신의 살결이 부드럽다며 만져보라고 갑자기 바로 옆에 있는 내 손을 끌어당겼다. 나는 재빨리 손을 거두려고 했지만 순식간에 일어난 일이라 그의 허벅지에 손이

달았다. 왜 이러냐며 불쾌함을 표했다. 박주화는 오히려 나를 나무랐다. 이상한 애라고 몰아붙였다. 그러더니 다른 쪽 옆에 있는 형의 손을 가져다가 이것이 왜 어떠냐며 천연덕스럽게 굴었다.

그 이후로 나는 박주화를 수업에서 마주칠 때마다 최대한 눈도 마주치지 않고 없는 사람 취급했다. 일주일에 한번씩 만나는 게 너무 고통스러웠다. 수업 때 선생님을 쳐다봐야 하는데 내가 외면해도 나를 보는 듯했다. 혹자들은 이런 이야기를 들으면 성우 수업을 그만두면 되지 않느냐고 묻기도 할 텐데, 그때는 그럴 엄두가 나지 않았다. 내 또래 여자 동생들과 조금이라도 친하게 지내거나 농담을 나누면 박주화는 거기에 대해 꼭 한마디씩 하고 지나갔다. 치킨집에서 있었던 일보다 그게 더 나를 기분 나쁘게 만들었다. 없는 사람 취급하는 것이 최선이었다. 남자들이 바람을 피거나, 자신에게 찝적대는 것을 그렇게 욕하더니 자신의 처신에 대해서는 내로남불이었다. 그간 맡았던 배역 탓이 아니라 그렇게 남자들에게 여지를 주기 때문에 남자들이 들러붙었던 것 아닌가 싶다.

성우 수업을 그만 두고 여자 변호사 한 분을 소개받아

사정을 말씀 드렸다. 2016년 쯤이었다. 그 분은 안타까워하면서 형사 고소를 해봤자 유죄 판결이 나지 않을 것 같으니 민사 소송을 통해 위자료를 받는 방법은 어떻겠느냐고 제안하셨다. 얼마를 받겠느냐고 묻기에 나는 천 원이나 만 원 정도도 괜찮다고 했다. 한 스님이 언론사를 상대로 10원 손해 배상 소송을 했다는 일화가 생각나서였다. 금액이 문제가 아니라 나의 억울함을 인정 받는 것이 중요했다.

    앞서 말했듯 결국에는 아무런 성과가 없었다. 변호사님은 나에게 박주화의 집 주소와 전화번호를 건네받고는 배상을 요구한다는 내용증명을 보냈다. 이전에 내가 해외로 여행을 가면서 같이 수업을 듣던 사람들에게 엽서를 보내려고 주소를 받은 적이 있었다. 박주화는 지인을 통해 또 변호사를 소개받은 듯했다. 내가 의뢰한 변호사님이 박주화 측 변호사로부터 전화가 와 고성과 온갖 거친 말을 들으며 상대하느라 고생했다고 하셨다. 박주화는 이 일을 다시 한 번 문제 삼으면 적극적으로 대응하겠다며 나에게 엄포를 늘어놓았다. 증거나 증인이 필요했지만 유일하게 내 고충을 들어주었던 지민(가명)은 선생님과의 관계 때문에 나설 수 없는 점을 이해해달라고 했다. 박주화는 괜히 상관 없는 나와 친한 남자 동생에게 자신은 기분이 나빴다며 말을 전하라고 했다.

나는 거기에 화가 나서 바로 박주화에게 전화를 걸었다.

　(중략)

　"저는 그냥 사과를 원할 뿐이예요"

　박주화는 적반하장으로 굉장히 불쾌해했다. 나에게 폭언을 쏟아냈다.

　"내가 너 남자로 보는 줄이나 알아? 내가 진짜로 너에게 그랬다면 나 앞으로 연기 못 해도 돼. 너에게 그랬다면 미안하다. 그런데 너 내가 프로필 사진 촬영 스튜디오도 소개해주고 그랬지? 그땐 뭐라고 했어? 누나 고마워요 라고 했지? 여행 가서 나한테 엽서는 왜 보냈어? 농담 할 수도 있는 거 아니야?"

　내가 고의로 피했던 점, 엽서는 모두에게 보냈던 점 등을 들며 나는 반박했다. 박주화는 폭언을 쏟아내다가 조금 진정이 됐던지 꼰대 같은 말을 이어갔다.

　"이참에 내가 한 번 배우는 거야. 누군가에게 내 행동과 말이 불쾌할 수 있구나. 하지만 너도 선배에게 이러면 안돼"

말이 통하지 않았다. 그렇게 나의 첫 법적 대응 시도는 허망하게 끝났다. 나 혼자 헤쳐나가기가 너무 힘들었다. 이 일이 있고 나서 이희현 사건이 있기까지 사회가 많이 바뀌었다. 재판은 본래 증거 싸움이다. 서면을 갖고 쟁점을 다투는 것이라고 보면 된다.

증거 중심주의와 피해자 중심주의

이 두 가지 기조가 있다. 증거 중심주의는 녹취, 서면 등 물적 증거를 의미한다. 하지만 강제추행 같은 성범죄는 증거가 남아 있기 힘들다. 순식간에 일어난 일이기 때문이다. 그래서 피해자 중심주의로 주로 재판이 진행된다. 피해자의 증언에 높은 증거 능력을 부여한다. 이 이야기는 본격적으로 재판 과정을 다루면서 뒤에 자세히 언급하기로 하겠다.

하고 싶은 말은 꼭 해야돼요

고맙게도 내 쪽 증인으로 나서준 김원재 형이 있었기에 용기를 내서 고소장도 제출할 수 있었고 좋은 결과가 나올 수 있었다고 본다. 형과 처음 만난 건 2015~6년 쯤이었다.

원재형도 형사고소 역사에 업적이 하나 있었다. 2014년 4월 16일에 발생한 세월호 참사를 다들 기억할 것이다. 인터넷 극우 커뮤니티에서 교복을 입은 학생이 그 커뮤니티를 상징하는 손가락 모양과 함께 오뎅 사진을 올리며 참사 희생자를 비하하는 일이 있었다. 알고 보니 성인인 20대 청년이었고, 교복은 사진을 찍기 위해 일부러 빌려 왔다고 한다. 그곳에서는 자신의 게시물이 추천을 많이 받으면 아이디 등급이 올라간다. 그래서 추천을 받으려 자극적인 사진이 적지 않게 올라온다. 그 사진을 본 사람들은 크게 분개했다. 원재 형은 세월호 피해 가족들을 돕고 있었다. 그래서 무언가 도움이 될 만한 일을 찾다가 엄벌을 원하는 엄벌 탄원서를 모았다. 한 사람씩 일일이 작성해달라고 요청하면 한계가 있다. 그래서 구글 폼을 이용해서 탄원서 양식에 서명을 받았다. 슬픈 일이니 만큼 정말 많은 사람들이 동참했다. 자필 서명이나 날인이 필요한데 프로그램으로 이것을 자동화 해서 동참한 사람들의 날인이 일일이 다 들어가게 했다. AI가 활성화 된 요즘에는 별로 놀라운 일은 아니었지만 그때는 혁신적인 일이었다. 나도 어딘가에서 본 서명 요청 링크에 따라 거기에 동참했다. 나중에 우연찮게 만나서 그 이야기를 하니 원재형이 너무 좋아했다. 그렇게 어렵지 않게 친해질 수 있었다.

원재형이 식당을 개업한 적이 있었다. 고기가 맛있어서 자주 갔다. 장인어른, 장모님이나 다른 가족들도 많이 함께 갔다. 그날은 결혼식 날짜를 잡고 결혼 준비를 하던 때였다. 장인어른이 식사를 하시다가 담배를 피러 나가셨을 때, 원재형과 대화를 나눈 적이 있다고 한다. 나에게 그 대화 내용을 전해주셨다.

"승민이가 참 좋은 앤데, 자기가 하고 싶은 말은 꼭 해야 돼요"

이 말이 가장 인상 깊으셨다고 한다. 물론 저 말 외에도 99가지의 나에 대한 칭찬이 보태졌나 보았다.

기억을 거슬러 올라가면 어렸을 때부터 주변으로부터 항상 '쟤는 왜 저럴까' 하는 따가운 시선을 받은 적이 많았다. 물론 내가 알지 못하는, 잘못한 부분도 있을 것이다. 특히나 가족 사이에서 그런 시선이 지배했다. 좋게 좋게 넘어갈 수 있는 일을 굳이 따지려 든다는 것이었다.

한 번은 대학에서 교양 수업으로 가족 심리학 수업을

들은 적이 있다. 가족들 간 사이가 좋건, 좋지 않건, 거리가 멀건 가깝건, 모든 가족은 문제가 없을 수 없다는 게 골자였다. 그리고 '그림자'라는 개념이 있었다. 가족들 중 한 명을 희생양으로 삼는 것이다. 보통 많이들 들어본 말로 희생에 대한 강요가 이루어진다.

너만 참으면 돼, 왜 너 하나만 이러니, 다른 가족은 문제 없어, 너만 문제야

직접 듣진 못 했어도 익숙한 문장들일 것이다. 어떻게 보면 나는 가족들 사이에서 그림자였나 하는 생각이 들었고, 개념에 대한 이해가 빨리 됐다.

20대 때 동생과 한 번 깊게 이야기를 나눈 적이 있다. 그때 같이 자취를 하느라 부딪치는 면이 많았다. 나는 동생에게 솔직히 이야기 했다. 나도 너에게 부족하고 못해준 것이 있을지 모르지만, 너에게 갈 비난을 내가 대신 맞아서 일종의 우산 역할을 해준 것 아니냐고 말이다. 그랬더니 그 말에 동생도 동의했다. 자신은 가만히 있었더니 형이 다 나서서 한편으로는 마음이 편했다고 한다. 그래서 고마웠다는 말도 덧붙였다. 오랫동안 쌓여온 감정이 풀리던 순간이었다.

하지만 부모님과의 의견 차이는 좀처럼 좁혀지지 않았다. 부모님과 나 사이에 두꺼운 장벽이 있었다면 그것을 허물어준 게 강제추행 사건의 결과였다.

나는 고등학교 때 자퇴를 하고 검정고시를 본 후, 수능 시험을 보고 대학에 들어갔다. 그때도 부모님과 대화에 전혀 진척이 없었다. 내가 태어나고 자란 지역 평택은 교육 비평준화 지역이다. 그래서 고등학교에 진학할 때 원하는 학교에 지원하고 입학시험 성적과 내신 성적을 합산해 점수 순서대로 합격자가 선발됐다. 온라인 게임에 빠졌던 중학교 1, 2학년, 때 전교 300여 명 중 290등까지 성적이 떨어질 정도로 공부에 관심이 없었다. 그러다가 마침 게임에 대한 흥미도 떨어졌던 2학년 2학기, 기말고사에서 전과목 평균 80점을 받으면 컴퓨터를 새로 바꿔준다고 부모님이 제안하셨다. 컴퓨터를 너무 바꾸고 싶어서 책을 펼치고 일단 해보니 딱 80점, 컴퓨터를 바꿀 수 있었다. 그걸 계기로 3학년 때 전교 10등권으로 올라갔다. 그러다 보니 부모님의 기대가 너무 커졌다. 나는 평택 내에서 가장 좋은 학교를 가기 싫었다. 아침 7시 30분까지 등교하고, 저녁 10시까지 야간 자율 학습을 하느라 하루 종일 학교에 있어야 했기 때문이다. 게다가 거기서 좋은 내신 성적을 받을 자신이 없었다. 부모님과

긴 실랑이 끝에 그 학교에 들어갔지만 여러 사정으로 인해 자퇴를 결정했다.

6개월 간의 갈등 끝에 자퇴를 결국 허락하셨지만 애초에 대화가 이루어지지 않았다. 나는 고등학교를 자퇴하고 수능 시험을 공부하면 모든 시간을 내 마음대로 쓸 수 있어서 더 효율이 좋을 거라는 생각이었다. 일단 몸과 마음의 건강이 많이 무너져 조금 쉬고 대학을 가겠다고 마음 먹었다. 하지만 부모님 특히 엄마는 대학을 안 가도 좋으니 고등학교만 제대로 졸업하라는 것이었다. 전제가 아예 달랐다. 가족들이 나를 그림자처럼 보는 분위기는 고등학교 자퇴로 정점을 찍었다. 이해할 수는 없지만 설득을 할 수 없다는 생각이 지배적이었다. 1심 판결이 나온 후 엄마에게 전화를 걸어 말씀 드렸다.

"오늘 판결 나왔는데 벌금형 300만 원으로 확정 됐어"

엄마는 그동안 말은 하지 않았지만 우려했다, 조심하라고 당부했다. 또 핀잔이 나오지 않을까 하는 걱정도 있었지만 엄마는 전혀 의외의 말을 했다. 그간의 일과 더불어 특히 이 사건을 통해 나를 이해했다고 한다. 상대방이 틀리고,

내가 맞았을 때 그것을 인정하지 않는 것을 받아들이기 힘들어한다는 것이다. 그래서 다른 이유나 목적 없이 단지 내가 옳다는 것을 증명해야 하는 것이 내 기본 성향이라고 말이다. 이희현이 자신의 잘못을 인정하고 제대로 된 사과만 했다면 법적 대응까지는 하지 않았을 것이다. 이것은 나만의 생각이 아니다. 이희현의 사과하는 태도를 보고 많은 사람들이 함께 분개했기 때문이다. 이희현에게서 돌아선 사람도 꽤 있었다. 이 책을 낸다고 했을 때 부모님이 지지해주셨다. 이렇게 쓰면 어떠냐고 조언도 해주셨다.

본격적인 소송 진행

2020년

9월	공판기일
10월	공판기일
12월	피고인 공판기일 변경 신청
	공판기일
1월	공판기일-증인 전승민, 김원재 출석
	공판기일-증인 모동화 출석
2월	선고기일-벌금 300만 원 형 확정

경찰과 검찰, 송치, 기소, 이의제기, 정식 재판

피해자(고소인) 조사를 마치고, 가해자(피고소인) 조사가 이루어진다. 사실 이 과정부터는 피해자인 내가 할 수 있는 것이 거의 없다. 수사 기관과 피고소인 간의 다툼이기 때문이다. 1심 판결이 나올 때까지 나는 수사 기록에 관련된 문서에 접근할 수 없다. 가해자가 어떤 주장을 하고, 어떤 증거를 제출했는지 알 수 없다. 1심 판결이 나오고 가해자가 항소를 할 때 재판 기록을 열람 신청해서 허가를 받아 그때서야 볼 수 있었다.

많은 사람들이 오해하는 것이 수사기관이라는 개념이다. 재판이 진행되는 중 가해자에게 벌금 300만 원 형이 내려졌다고 하니까 그 300만 원은 피해자인 내가 갖는 것이냐고 묻는 지인도 있었다. 경찰과 검찰은 모두 행정기관이다. 행정부에 소속돼 있다. 법원은 사법부 소속이다. 물론 검찰은 준사법기관의 역할과 권한을 갖기도 한다. 우선 경찰에서 수사를 하고, 혐의가 있다고 판단되면 검찰에 사건을 넘긴다. 이것을 송치라고 한다. 혐의가 없다고 보여지면 불송치, 무혐의 결정을 내린다. 보통 무죄라고들 많이 하는데, 고소인의 주장에 대해 피고소인의 혐의가 증명되지 않았거나 없다고 보는 것이 정확한 표현이다.

　　검찰-경찰 수사권 조정이 이루어지기 전 경찰은 검찰의 지휘 하에 수사를 진행할 수 있었다. 하지만 지금 반부패 사건을 비롯한 두 종류의 사건 외에는 경찰이 독립적으로 수사권을 지녀 별도 지휘를 받지 않고 자체적으로 수사를 진행한다. 앞서 말한 것과 같이 혐의가 있다고 보여지면 검찰에 송치한다. 검찰은 이 수사 내용을 토대로 기소 여부를 결정한다. 기소권은 검찰의 고유 권한이다. 이제 보통 생각하는 형사 재판의 시작이다. 그러니까 검사가 피고소인의 유죄를 주장하고 구형을 내리면, 판사가 그 내용에 따라 형량을 내린다. 신분이 피고인으로 변경된다. 하지만 그 전에 한 가지 헷갈리는 것이 있다. 약식 기소다. 재판이 열리려면 판사, 속기사, 검사, 법원보안관리대 등 많은 인력과 행정력을 필요로 한다. 그래서 재판 없이 혐의가 있는 것이 확실해 보이니 서류만으로 구형과 판결이 이루어지는 것을 약식기소와 명령이라고 한다. 검찰이 약식으로 기소하면, 판사가 그것을 보고 판단해서 판결한다. 약식명령이다.

　　기본적으로 법은 억울한 사람이 없도록 피고소인의 권리를 다양하게 존중하고 있다. 약식 기소와 약식명령이 이루어진 경우 적극적으로 자신을 방어하기 위해 피고소인이 이의 제기를 해 정식 재판 청구를 할 수 있다. 그러면 단순히 서면이 아니라 재판이 열리며 피고소인이 변론할 수 있는 기회가 생긴다.

이희현은 약식명령으로 벌금 300만 원형이 내려졌다. 나는 '형사사법포털(KICS)'와 '대한민국법원' 어플을 보며 계속해서 과정을 지켜봤다. 처음에는 약식기소와 명령이 무엇인지도 몰랐다. 사건의 결과가 개인적으로 만족스럽진 않지만, 다른 사례를 보니 꽤 높은 형량이었다. 여성의 주요 부위를 남자가 강제로 만진 사건에 동일한 금액의 벌금형이 내려졌다는 이야기를 들었다. 고소장을 제출하고 결과를 기다리며 혹시 무죄가 나오지 않을까 걱정하기도 했지만 아쉬운 마음이 드는 것도 사실이었다. 하지만 이 정도에 만족하기로 했다. 정해진 기간 동안 피고소인의 이의 제기가 없으면 형이 확정된다. 하지만 이희현은 뒤늦게 변호사를 선임해 정식 재판 청구를 했다. 끝나지 않는 싸움이었다. 우리나라의 재판은 3심제를 원칙으로 한다. 지방법원 – 고등법원 – 대법원으로 형사 사건의 경우 항소와 상고를 통해서 세 번의 재판이 이루어진다. 결과적으로 이희현은 끝까지 자신의 잘못을 인정하지 않고 대법원으로 상고까지 하였지만, 약식명령의 판결인 벌금 300만 원 형은 끝까지 뒤집어지지 않았다. 당시에는 긴 시간 동안 뻔뻔한 행동에 괘씸하고 화가 났지만, 일이 모두 끝나고 보니 오히려 다행이라는 생각이 들었다. 변호사를 3심까지 선임하며, 적극적으로 자신의 결백을 주장하려 했지만 국가가 유죄를 입증해준 셈이다. 약식명령과 세 번의 재판을 거치며 여지없이 성범죄자가 됐다.

첫 재판을 방청하다. '혹시 피해자신가요?'

서울서부지방법원에서 내 사건의 첫 공판이 열렸다. 재판이라고 하면 영화나 TV 드라마에서 보듯 극적인 장면을 떠올리기 쉽다. 재판은 건조하게 흘러간다. 검사나 변호사가 증인과 참고인, 피고소인 등에게 날카로운 질문을 던지며 허점을 찾아내거나 팽팽한 긴장감을 바탕으로 언성이 높아지며 논쟁이 오가는 장면 말이다. 그러면서 재판의 흐름에 갑자기 변화가 생긴다. 그런 것은 거의 없다고 봐야 한다. 재판은 기본적으로 서면 싸움이다. 고소인이나 검사 측, 피고인 측이 제출한 서류를 바탕으로 재판이 진행 된다. 공판이 열리는 때에는 이 서류를 확인하는 정도로만 진행된다. 권력형 비리나 유명인의 사건이 아니고서는 방청석이 거의 비어있다. 다음 재판 건을 기다리는 관계자들이 기다리는 정도다.

첫 공판이 열린 날, 나는 굳은 결심을 하고 법원으로 찾아갔다. 많은 관심을 받는 재판은 아침 일찍부터 방청권을 선착순으로 배포해서 그 방청권을 받은 사람만 들어갈 수 있지만 내가 갔을 때는 방청석에 나 말고는 아무도 없었다. 그리 추운 계절은 아니었지만 아침 공기가 유난히 차갑게 느껴졌다. 복장에는 제한이 없다. 나는 떳떳하게 보이기 위해서 일부러 신경 써서 복장을 골랐다. 검은 계열의 정장과, 넥타이, 코트, 검은색 구두를 입었다. 아무도 알아주지 않을 수 있지만 검투장에 나서는 검투사처럼 전투복을 갖춰 입는 것이라고 생각했다.

재판이 시작됐다. 판사와 검사, 속기사, 법원 관계자 등이 자리에 앉아 판사가 사건 번호를 확인하는 것부터 이루어진다. 판사님은 여자분이셨다. 재판이 시작된지 얼마 되지 않아 판사님이 방청석에 앉아 있는 나에게 혹시 피해자시냐고 물어보셨다. 그렇다고 대답하자 혹시 사건과 관련해서 증인석에 앉아 할 말이 있느냐고 하셨다. 나는 처음 겪는 경험에 비장한 표정으로 마다하지 않았다.

"2020년 3월 7일 늦은 저녁, 가해자 이희현은 저의 허벅지를 두 손으로 움켜쥐듯 만졌습니다. 저는 가해자의 반성하지 않는 태도에 분노를 느끼고 또 한편으로는 제가 받은 피해에 수치심도 느꼈습니다. 그 자리에는 제 아내도 동석했습니다. 가해자가 엄벌에 처해지길 바랍니다."

이렇게 나의 발언 기회를 마쳤다.

그러고 나서 알게 된 사실인데, 이런 기회가 잘 없다고 한다. 수사, 재판 과정에서 피해자가 할 수 있는 일은 지극히 한정돼있다. 재판이 진행되며 피고소인 측에서 나를 재판에 참석하도록 해 변호사가 나에게 질문을 한 적은 있었다. 이렇게 방청석에 앉아 있는 사람에게 직접 방청석과 재판장 사이에 있는 여닫이 문을 통과해 증인석에서 발언할 수 있는 기회는 특이한 경우라고 대다수의 법조인이 말했다.

아쉬운 점도 있었다. 나는 그 시간에 그저 고소장에 있는 사실 관계를 그대로 이야기한 것에 불과했다. 갑작스럽게 온 기회였으니 그럴 만도 했지만 어떤 말을 했으면 더 효과가 있었을까 하는 생각이 자주 든다. 하지만 지금 생각해봐도 딱히 저 말 외에 어떤 말을 해야할지 떠오르지 않는다.

판사님이 여자분이셨기에 나에게 그런 기회를 준 것일

까 하는 생각도 든다. 어떤 의미에서 그러셨을까 궁금하다. 판례를 만들기도 했지만 그 과정 속에서도 다양한 경험을 했다.

첫 공판은 나의 발언 후에 사실 관계를 확인하며 20분도 되지 않아 끝났다. 재판은 보통 여러 번의 공판이 이루어진다. 정해진 횟수는 없다. 어느 정도 검사나 피해자 측과 피고소인 측이 더이상 주장할 것이 없거나 제출할 자료가 없을 때, 그러니까 변론종결이 되면 마지막 공판에서 판결기일이 정해지면서 끝난다. 그 판결기일 때 판결문을 낭독하며 판결이 이루어진다.

피해자가 남자라고요?

피해자로서 할 수 있는 일은 많지 않았지만 할 수 있는 일을 찾으며 최선을 다 하기로 했다. 저녁이면 집에 돌아와서 하는 일이 법 조항과 인터넷을 뒤져가며 강제추행 판례를 찾는 것이었다.

형법 제 298조 강제추행
폭행 또는 협박으로 사람에 대하여 추행을 한 자는 10

년 이하의 징역 또는 1천500만 원 이하의 벌금에 처한다.

해당 법 조항이다. 추행은 또 이렇게 정의 된다.

추행은 객관적으로 일반인에게 성적 수치심이나 혐오감을 일으키게 하고 선량한 성적 도덕관념에 반하는 행위로서 피해자의 성적 자유를 침해하는 것으로, 이에 해당하는지 여부는 피해자의 의사, 성별, 연령, 행위자와 피해자의 이전부터의 관계, 그 행위에 이르게 된 경위, 구체적 행위양태, 주위의 객관적 상황과 그 시대의 성적 도덕관념 등을 종합적으로 고려하여 신중히 결정되어야 한다 (대법원 2002. 4. 26. 선고 2001도2417 판결 등 참조).

그러니까 쉽게 얘기해서 상대방의 동의 없이 신체 접촉하여 성적 자유를 침해하면 강제추행에 해당하는 것이다. 법 조항에는 폭행 또는 협박 등의 위력이 언급 돼 있지만, 판례를 살펴보면 해석이 다양하게 이루어진다. 피해자가 저항할 수 없도록 한다는 데에 초점이 맞추어져 있다. 기습적으로 이루어지는 행위 또한 상대방이 저항할 수 없기 때문에 강제로 이루어졌다고 본다.

한 가지 다행인 것은 그 시대의 성적 도덕 관념 등 종합적으로 신중하게 고려돼야 한다고 사법부에서 보는 것이다. 그 전까지만 하더라도 남자를 피해자로 인정하는 분위기가 형성되지 않았다. 처음 강제추행 사건에 대해 법적 대응을 하지 못했던 것도 그 이유 때문이다. 게다가 법무부 전문위원회가 성평등을 목적으로 성적 수치심과 같은 용어를 법령에서 삭제하라고 법무부에 권고했다.

" '성적 수치심'은 성범죄 피해자가 경험하는 공포·분노·죄책감·무기력·수치심 등 다양하고 복합적인 감정을 소외하고 피해자다움을 강요하는 성차별적 용어"라며 "이 용어를 삭제하면서 피해자다움을 요구하는 2차 가해로부터 성범죄 피해자를 보호하는 효과를 얻을 수 있다" 라고 설명했다. 「'성적 수치심', 피해자다움 강요…법령에서 삭제해야」 2022.03.24 이보라 기자

이른바 곰탕집 사건과 같이 남성들에게는 이해가 가지 않는 판결이 있지만, 세상은 점점 변화해가고 있는 것이다. 그래도 아직 만연하지는 않은 것 같았다. 정식재판이 이루어지며 스스로 공부하고 알아보는 것에는 한계가 있었다.

지인 분들의 도움을 받아 몇몇 변호사 분께 조언을 받았다.

주로 전화로 이루어졌다. 간략하게 인사를 나누고 본론으로 들어갔다. 사건에 대해서 설명 했더니 바로 나오는 반응이 같았다.

"피해자가 남자라고요?"

그 반응에 나는 "예, 제가 피해자입니다" 라고 대답했다. 변호사들은 조언을 주기 굉장히 난처해하셨다. 판례가 거의 없다는 이유였다. 변호사들은 재판이 보통 다각적인 차원에서 판결이 이루어지기 때문에 자신이 맡은 사건이거나 제대로 사건에 관련된 자료를 보지 않으면 구체적으로 대답을 하지 않는다. 한 변호사는 언론 인터뷰에서 상담을 할 때나 자신이 맡은 사건에 대해 호언장담하면 그 변호사는 오히려 피해야 한다고 말하기도 했다. 변호사 분들은 일반적인 내용을 말씀하셨다.

벌금 300만 원 형의 약식명령이 내려졌으니 정식재판에서 일단 유리한 상황이긴 하지만, 어떻게 될지 모른다, 지켜봐야 한다는 게 주 내용이었다. 그래도 법 관련으로 아는 것이 없으니 도움이 많이 됐다. 대답을 듣는 것만으로도 위안이 됐다.

 나와 아내는 탄원서를 제출했다. 탄원서는 보통 두 가지로 나뉜다. 선처를 구하는 탄원서와 엄벌을 구하는 탄원서. 대개 탄원서는 피고인의 선처를 구하는 용도라고 알고 있다. 구별을 위해 엄벌탄원서라고 첫 줄에 기재했다. 피고인이 강력한 법적 처벌을 받기 원하는 내 의지를 담았다. 주로 힘들었던 점을 설명했다. 존경하는 판사님께, 라는 말로 내용을 시작했다.

 나와 아내는 이 일로 많은 상처와 큰 어려움을 겪고 있다고 그 일이 있기 직전 아내가 난임 치료를 받던 중 수정체가 착상이 되지 않는, 화학적 유산이 되는 바람에 우리 부부는 힘든 상황이었다, 게다가 피고인은 평소에 성범죄와 성범죄자들에 대한 비토하는 내용을 SNS에 자주 올렸던 사람인데 본인에게는 왜 똑같은 잣대를 들이대지 않는지 이중적인 모습에 더 화가 난다는 것이었다. 그러면서 아내의 유산 진료 확인서, 피고인의 페이스북 포스팅을 다 캡쳐해서 제출했다. 도움이 될지 모르겠지만 현장 상황을 구체적으로 설명하기 위해 강제추행이 일어났던 주점으로 가서 해당 테이블과 의자 사진을 찍은 것도 제출했다. 이렇게라도 하지 않으면 안될 것 같았다.

주변 사람들에게도 엄벌 탄원서를 제출해달라고 부탁했다. 거의 대부분이 흔쾌히 요청을 받아들여주셨다. 직접 자필로 작성해서 우편으로 판사님께 보내주셨던 분도 계시고, 나에게 제출하라며 서명과 신분증 사본을 보내주셨던 분도 계시다. 나와는 그렇게 친분이 있지 않았지만 왠지 들어주실 것 같아서 요청을 드렸던 분도 바로 응해주셨다. 그리고 또 모진형과 술자리를 가진 후 모진형이 도리어 피해자인 나를 비난하는 모습에 학을 뗀 분은 이 일화를 탄원서에 담아주셨다. 모진형은 재판 중 이희현 측의 증인으로 공판에 출석하기도 했다. 사적인 관계로 이희현의 소송을 물심양면 돕기도 했지만, 피고인 요청으로 증인 출석에 응한 것은 공식적으로 사건과 전혀 무관한 사람이 아니라는 것이다. 재판 기록을 보니 나는 여섯 차례, 아내는 두 차례 탄원서를 제출했다. 그리고 총 8분이 우리를 위해 탄원서를 제출해주셨다. 쉬운 일이 아니었을 것이다. 일일이 성함을 밝힐 수 없지만 너무나 감사하다고 이 기회를 빌어 다시 한 번 말씀 드리고 싶다.

고소장을 제출하고 결과가 나오기까지 10개월

정말 오랜 시간이 걸렸다. 그 과정에서 네 번의 공판이 열렸다. 소송을 하다 보면 아무 것도 안 해도 그 자체만으로 스트레스를 받으며 정말 진이 빠진다. 게다가 신경 써야 할 일이 한두 가지가 아니다. 여러 가지 익숙하지 않은 법률 용어를 접해야 하고, 절차와 양식에 맞춰서 각종 문서도 제출해야 하며, 피고인 측이 어떻게 나오는지 형사사법포털을 통해 살펴봐야 한다. 나는 주변의 조언과 도움을 받기도 했지만 변호사 선임 없이 모든 것을 다 처리했다. 피고인은 약식명령이 나오고 나서 바로 변호사를 선임하고 정식 재판 신청을 했다.

나는 프리랜서이기 때문에 시간이 비교적 자유로웠지만, 정해진 시간에 출퇴근을 해야 하는 직장인이었다면 더 스트레스를 받았을 것 같다. 한 번은 공판을 며칠 앞두고 피고인 측에서 연기 신청을 한 적이 있었다. 하루라도 더 일찍 끝나면 좋을텐데 하루라도 재판 결과가 늦게 나오는 것이 싫었다. 단순한 이유였을지 모르지만 무언가 재판 흐름을 뒤집을 만한 내용을 준비하는 것이 아닌가 하는 걱정도 들었다.

첫 번째 공판과 두 번째 공판은 내가 굳이 가지 않아도 됐지만 방청석에 앉아서 피고인을 뚫어지게 쳐다봤다. 자신의 잘못을 인정하고 반성하기를 바랐다. 하지만 뻔뻔하게도 자신은 억울하다고 말했다. 왜 잘못했다고 처음에 사과를 한 것이 자신의 잘못을 인정하는 증거가 되냐고 물었다. 궤변을 늘어놓았는데, 자신은 남에게 폐를 끼치는 것을 싫어하기 때문에 일단 사과를 요구해서 거기에 응했다는 것이다. 이 외에도 재판을 진행하며 피고인은 앞뒤가 맞지 않는 말을 계속해서 늘어놓았다. 피고인 측 변호인도 그랬다.

변론 요지는 이랬다

① 강제추행 요건이 성립되지 않는다
② 사과 했다
③ 직접적인 증거가 없다

이 세 가지 주장이 서로 모순을 일으킨다고 느끼는 것은 나 뿐일까. 대체 저 전략이 어떻게 나온 것인지 궁금했다. 되려 피고인 측 변호인이 아니라 나를 도와주는 역할인가 싶었다. 피고인의 1심 변호사를 만나면 물어보고 싶다. 대체 왜 저랬냐고 말이다. 약식명령에도 저런 주장을 하면 정식 재판으로 결과를 뒤집을 수 있다고 믿었던 것일까. 아니면 변호사도 어쩔 수 없었을까. 자신의 의뢰인이 사건에 대해 자세히 이야기하지도 않고 무조건 나의 잘못이 아니고, 나는 그러지 않았다고 되풀이 하는 말만 한다면 말이다. 한 변호사 분이 유튜브에 나와서 한 말에 의하면 의뢰인이 변호사를 속이는 일도 종종 있다고 한다. 솔직하게 털어놓아야 전략을 제대로 세울 수 있고 혹시 나중에 나올지도 모를 증거에 대비할 수 있는데, 끝까지 하지 않았다고 잡아떼다가 상대 측에서 명백한 증거를 제시하는 경우다. 이희현은 어떤 경우였을까. 그동안 성범죄자들을 그토록 비판하다가 자신이 그들과 별 다르지 않다는 사실을 받아들이기가 어려워 앞뒤가 맞지 않는 말을 변호사에게도 늘어놓았을까. 아니면 본인이 잘못한 사실을 기억하지만 끝까지 인정하고 싶지 않아서 그럴듯하게 만든 가상의 이야기를 전했을까.

    법률 용어 중에 실체적 진실과 법적 진실이 있다. 재판이 진행되는 건 해당 사건이 일어난 후다. 시간을 거슬러 같은 장소, 같은 시간에 그 사건을 재현할 수는 없다. 그래서 관련 자들의 진술이나 각종 문서, 조사 등 입증할 수 있는 증거로 사후에 판단해야 한다. 판사분들도 사람이기 때문에 사건이 일어난 그때로 갈 수는 없고, 각자 주장하는 의견 중

객관적이고 신빙성 있는 내용을 채택한다고 한다.

　　예를 들면 이렇다. A는 B에게 돈 100만 원을 빌려줬다. 하지만 B가 돈을 갚지 않자 A는 이를 갚으라는 민사 소송을 제기한다. 이것을 증명하는 자료가 있다면 A의 주장이 받아들여져 승소할 것이다. 하지만 현금으로 줬다면 돈을 줬다는 사실조차 입증할 수 없게 된다. 계좌 이체로 돈을 줬다고 해도 문제다. B에게 돈을 빌려주기로 했다는 대화 내용이나 차용증을 제시하지 못한다면 B는 A에게 그냥 받았다거나 다른 목적으로 받았다고 잡아뗄 수도 있다. 오히려 자신이 빌려준 돈을 A가 갚은 것이라고 돈의 정체가 둔갑할 수도 있다.

　　나는 이희현에게 받은 강제추행 피해 사실에 대해 구체적인 시간과 장소를 들어 일관적으로 계속 주장했다. 그리고 이희현은 사과문을 작성했고, 당일 친한 지인인 김원재 형에게 이 사실을 털어놓았었다. 하지만 이희현은 주장의 내용이 바뀌고, 심지어 술에 취해 기억나지 않는다고까지 했다. 보통 형사 사건의 경우 사과를 했으면 자신이 잘못했다고 시인하는 것이라고 추정한다고 한다. 잘못이 없으면 부인하거나, 무슨 말이냐고 화를 내는 것이 대부분이기 때문이다. 잘못은 하지 않았지만 미안하다 곱씹을수록 황당한 소리다.

이 사건을 통해 나는 실체적 진실과 법적 진실에 대해 알게 됐다. 각 법률 조항과 판례 등 알아야 할 게 많지만 이 두 개념을 깨닫게 돼서 법에 대해 좀 더 이해하는 계기가 됐다.

  피고인 측에서 증거인부서*를 제출했기 때문에 검찰에서는 나를 증인으로 채택했다. 증거 인부서란 상대방이 제시한 증거를 부인한다는 것이다. 세 번째 공판이었다. 그동안 방청석에서 재판을 지켜봤지만, 그때는 재판장 뒤쪽의 대기실로 안내 받아 기다렸다. 법원 직원 분이 나에게 물었다. 혹시 피고인과 마주치고 싶지 않으면 조치를 취해준다고 말이다. 모든 형사 사건 재판이 이렇게 진행되지는 않는다. 성범죄 피해자를 보호하기 위한 절차인 것 같았다. 나는 순간적으로 괜찮다고 말했다. 잠시 생각해보니 굳이 피고인의 얼굴을 보거나 눈을 마주치고 싶지 않았다. 증언을 하다 갑자기 모습을 보고 분통이 터질 수도 있겠다는 걱정이 들었다. 그래서 마주치고 싶지 않다고 다시 요청드렸다. 그러면 동선이라도 겹치지 않게 철저하게 분리된다. 우선 피고인과 그 변호사가 앉는 피고인 측 자리에 가림막이 쳐진다.

---

* 검사가 제출한 증거에 부동의 한다는 내용의 문서

그 가림막이 쳐지면 가림막 너머에 있는 피고인과 내가 마주치지 않도록 각각 다른 방향에서 입장한다. 방청석에 있는 사람도 퇴장을 요청 받는다. 재판장에는 검사, 증인, 피고인, 판사석 모든 자리에 회의용 마이크가 설치 돼있다. 아마 이때는 피고인 측 마이크도 꺼지는 것 같았다.

    증인인 내가 입장할 순서가 됐다. 거짓을 말하지 않겠다는 선서를 했다. 검사가 일어나 나에게 질문을 던진다. 질문 내용은 그리 특별한 것은 없었다. 사건 내용을 다시 확인하는 것이었다. 그렇게 나에 대한 질문이 끝나고 다시 뒤편에 마련된 대기실로 이동했다. 귀가를 해도 된다는 안내를 받았다. 이때 역시 증인으로 채택 돼 원재형이 출석했다. 원재형은 방청석에 있다가 증인석으로 착석했기 때문에 뒤편 대기실에 있었던 나와는 마주칠 수 없었다. 그 날 공판이 끝나고 전화로 이야기를 나눌 수 있었다. 질문에 사실 그대로 이야기 했다고 한다. '내가 이희현에게 말했다던 '아니오'라는 말소리를 들었는데, 그때 이상하게 생각했지만 별일 아닐 것이라고 여기고 그냥 넘어갔다. 하지만 나중에 그런 일이 있었다는 이야기를 듣고 나서 연결이 됐다'라고 말이다. 그리고 증인으로 출석한 사람에게 소정의 교통비를 준다고 한다.

피고인 이희현 측의 증인으로 모진형이 출석했다. 모진형은 이희현이 술에 취해 자신이 택시를 불러 남자친구의 집까지 데려다줬고, 강제추행과 같은 사실은 보지 못했다고 증언했다. 나에게 추행을 하고 나서 술에 취했는지 모르겠지만, 이희현은 나와 대화를 나눌 당시 의사소통에 전혀 문제가 없었고 페이스북에서 내 이름을 바로 검색해서 친구 신청을 할 수 있을 정도로 의식이 멀쩡했다. 주점 계단은 미끄러웠는데 본인이 스스로 걸어서 내려갈 정도였다. 그때 내 아내가 기억나는 당시 상황을 말해줬다. 이희현이 밖으로 나와서 모진형과 함께 담배를 피웠고, 왈츠를 추듯 둘이 주점 입구 앞에서 손을 잡고 빙글빙글 돌았다는 것이다.

　　모진형이 자신이 그 자리에 있었지만 보지 못했다는 증언은 괘씸하게 들렸다. 증언으로서 별 효력은 없다는 생각이 들었지만 끝까지 이희현을 옹호하는 모습에 때로는 피가 거꾸로 솟는 것 같았다. 사람이라는 존재에 대한 혐오감으로 번져갈 지경이었다. 자기가 그렇게 정의감이 있다고 내세우면서 불의에 협조하는 꼴이라니. 증언으로 효력이 없다는 것은 이런 점 때문에 그렇다. 존재의 증명은 가능하지만, 부존재의 증명은 가능하지 않다. 이희현이 나에게 추행을 했다는 사실은 내가 여러 가지 증거를 통해 증명할 수 있다. 하지만 이희현이 나에게 추행을 하지 않았다는 사실, 그러니까 추행의 부존재는 나와 이희현이 함께 있는 모습을 처음부터 끝까지 지켜보거나 영상 등을 통해 담았어야 했기 때문이다. 모진형은 테이블 건너편에 자리잡고 있었고, 나와 이희현 쪽을 처음부터 끝까지 지켜봤다는 것은 말이 되지 않는다. 잠깐이라도 시선을 놓쳤다면 그 사이에 일어났을 수도 있다. 물론 추행 사실을 정면으로 반박할 수 있다. 그것은 나의 증언이나 증거가 완전히 부숴지는 증거를 제시했을 때다.

얼마 전 헬스장에 가서 공동 화장실을 이용했다가, 억울하게 성범죄자로 누명을 썼다는 남자에 대한 기사를 봤다. 여자가 용변 보는 것을 훔쳐보고 성적 행위를 했다는 것이다. 누명을 풀게 된 것은 화장실 앞에 설치된 CCTV 덕분이었다. 여자의 주장대로 훔쳐 봤다가 적발 돼서 도망 갔다면 남자가 먼저 화장실을 나왔어야 했지만 여자가 나오고 나서 남자가 화장실을 나오는 장면이 담겼다. 하지만 이희현 측은 말장난만 할 뿐 내 주장을 반박하는 증거를 하나도 제시하지 못했다.

1심 선고기일

　　변론종결이 되면 선고기일이 정해진다. 재판장에서 판사가 읽는 판시 내용을 듣고 바로 알 수 있다. 그러지 않으면 판결문이 법원 전산에 등록되는 것을 기다려야 한다. 나는 조금이라도 빨리 알고 싶어서 시간에 맞춰서 갔다.

　　이상하게 그 날은 다른 때와는 달리 재판장의 방청석이 가득찼고 여기저기 통로에도 사람들로 붐벼 이동하기 힘들었다. 재판장 출입문 옆에는 스크린을 통해 일정이 안내된다. 대략 20분 마다 재판이 잡혀 있었다. 계속해서 재판이 밀렸는지 내 재판의 시작 시간을 넘겨도 앞 시간에 잡힌 재판들이 끝나지 않았다. 몇 개가 더 남아 있었다. 방청석에는 기자들이 무릎에 노트북을 올려놓고 판사의 말을 빠르게 받아적고 있었다. 방청석에 앉지 못한 기자들은 맨바닥에 앉아 노트북을 펼쳤다. 한 남자 대학 교수의 성범죄 판결이 있는 날이었다.

　　기자들이 재판장을 가득 메울 정도로 와 있는 것을 보니 유명한 사람인 것 같았다. 피고인인 대학 교수는 피고인석에 서서 판시 내용을 들었다. 판사는 공판을 통해 서로가 주장한 사실을 쭉 정리했다. 그것만 해도 몇십 분이 걸렸다.

피해자의 주장이 받아들여져 대학 교수는 유죄 판결을 받았다. 징역형이 선고 됐다. 바로 교도소로 가야했다. 법원에서 판결을 받고 바로 구속되는 것을 법정 구속이라고 한다. 보안관리대의 인솔에 따라 걸음을 옮기기 전 예순은 됐을 것 같은, 머리가 희끗한 남자는 억울하다는 말과 함께 울음을 터트렸다. 신기한 경험이었다. 한편으로는 내 재판은 어떻게 되는 것일까 하는 마음에 긴장됐다. 정해진 시간보다 한참 시간이 지나 나는 다른 일이 있었기 때문에 궁금증을 안고 일을 하러 가야 했다.

재판이 끝나고 법원을 통해 결과를 알게 됐다. 약식명령과 같은 300만 원 형이었다. 여러 사건을 검색하다 보니 이전에는 정식 재판 청구를 하면 약식명령 형보다 감형되는 것이 일반적이었지만 요즘에는 그러지 않는다는 것을 알게 됐다. 많은 피고인들이 그런 효과를 기대하며 높은 비용을 주고 변호사를 선임해서 정식 재판을 준비한다. 반대로 형량이 늘어나는 경우도 간혹 있었다. 피고인이 전혀 반성하지 않고 뻔뻔한 모습을 보일 때다. 판결을 내리는 것은 완전히 판사 재량이다. 하지만 판사들은 자신이 내린 판결이 판례로 남기 때문에, 사회 질서를 지키기 위해서 앞선 판례를 토대로 대개 신중하게 판결을 내린다고 한다. 정식 재판 때 오히려 형량이 늘어났다는 이야기를 듣고 나도 그런 결과를 기대하기도 했다. 감형 되지 않은 것만도 다행이었지만 그대로인 것에 조금은 안타까웠다.

　　　예정된 결과이기는 했다. 약식명령의 형을 정식재판으로 뒤집기 힘들며, 1심이 확정 되면, 2심, 3심에서도 뒤집어질 가능성은 점차 낮아지기 때문이다. 내가 처음 페이스북을 통해 공개적으로 사과를 요구했을 때, 이희현이 변호사에게 조언을 받아 대처했다면 내 쪽이 어려웠을지 모른다. 재판은 첫 단추가 매우 중요하다. 나에게 사과를 했고, 경찰 조사 때 별다른 대응을 하지 못했으며, 검찰에서도 경찰의 수사 내용을 받아들였다. 만약 이희현이 똑똑하고 기민했더라면 나는 비난의 역풍을 받았을지도 모른다. 그래서 살아가면서 누군가에게 형사 고소를 당해서, 경찰서에서 피고소인 조사를 위해 출석할 것을 요구 받는다면 첫 단추부터 잘 끼워야 한다고 들었다. 정보공개청구(open.go.kr)를 통해 고소장을 열람하고 거기에 충분히 대비해서 출석해야 한다는 것이다.

　　　고소인의 주장과 논리를 완전히 무너트릴 수 없다면 그 다음 사용되는 것이 감형 전략이다. 감형은 보통 두 가지 이유로 이루어진다. 반성과 합의다. 자신의 잘못을 인정하고 반성하며, 피해자와 합의를 봤는지 여부다. 그래서 피고소인들은 판사에게 반성문을 쓴다. 충분히 반성하고 있으며 앞으로 그러지 않겠다는 내용을 진심이 담겨 보이게끔 작성한다. 합의는 보통 금전적인 보상으로 이루어지지만 다른 조건이 함께 제시되기도 한다. 다시는 그러지 않겠다는 각서를 제출하거나 반성문을 공개적으로 게재하는 조건 등이 제시된다고 들었다.

사실 나도 1심 재판이 진행되던 중 3번째 공판과 선고기일 사이였는지 정확히 기억은 잘 나지 않지만 이희현 측 변호인으로부터 합의 의사가 있다는 연락을 받았다. 변호인은 내 연락처를 알지 못하므로 검찰을 통해서 연락한다. 그래서 검찰 수사관은 나에게 합의 의사가 있는지 묻는다.

"여보세요. 전승민씨죠? 서울서부지방검찰청 ***입니다. 피고인 측으로부터 합의 의사가 전달 됐는데요. 합의 의사가 있으신가요?"

나는 고민도 없이 단숨에 "아니오, 합의 의사가 없습니다"라고 답했다.

그러면 더 이상의 확인이나 설득 없이 알겠다고만 답

하고 통화가 종료된다.

　　　내 생각에 이것도 유죄를 입증하는 데 사과 같은 역할을 하지 않았나 싶다. 자신에게 죄가 없다고 생각하면 합의를 제시할 이유가 없다. 혐의가 없다는 것을 제시하면 되기 때문이다. 어차피 나는 경제적인 보상을 바라는 것도 아니었다. 단순히 내가 옳다는 것을 증명하고 싶었다. 잘못을 인정하지 않는 이희현과 그 주변인들의 콧대를 꺾고 싶었다.

이어지는 재판, 항소와 상고

2021년

2월   피고인 항소장 제출

6월   공판기일

7월   공판기일

8월   선고기일

1심에 불복, 항소를 하다

1심 재판 결과를 듣고 아내와 외출해서 점심을 먹었다. 점심 특선 일식 코스였다. 하나씩 나오는 음식을 먹으며 그간 얼마나 걱정했는지 모른다는 솔직한 심정과 함께 이겼다는 즐거움을 나누었다. 그동안 부정이라도 탈까봐 서로 결과에 대해서 어떻게 될지 전혀 입 밖으로 내지 않을 정도였으니 정말 마음을 졸이고 있었다. 그러면서 나는 무심결에 한마디 했다.

"아마 항소 할 것 같아"

아내는 그러지 않을 것 같다고 했다. 안타깝게도 내 예측이 맞았다. 며칠 후 전산에서 피고인이 항소장을 제출한 것을 확인할 수 있었다. 새 변호사의 선임계도 제출됐다. 또 다시 싸움의 시작이었다. 경험이 없었기 때문에 매 순간이 고난이었다. 2심은 또 어떻게 해야할지 감이 잡히지 않았다. 할 수 있는 한 최선을 다하자는 생각에 다시 여기저기 뛰어다니기 시작했다.

여기까지 오느라 수고 많으셨습니다

　　한국예술인복지재단이라는 기관이 있다. 이희현도 화가로 그곳에 회원으로 등록 돼 있다. 나는 그곳과 관련된 일을 한 적이 있었다. 다짜고짜 전화를 걸어 상황을 설명하고 나를 도와줄 방법이 있는지 물었다. 전화를 받은 직원 분은 소속된 변호사님과 법률 상담을 잡아주셨다.

　　재단은 대학로에 위치해있었다. 마로니에 공원을 지나 언덕을 올라가면 재단 건물이 보인다. 법률 상담을 신청했다고 하니 한 방으로 안내 했다. 일반 사무실 같은 분위기였던 아래층과 달리 엘리베이터를 타고 올라가 복도를 지나 들어간 그곳은 원룸이나 오피스텔 같은 분위기였다. 나는 고소장과 각종 자료를 준비해갔다. 앉아서 기다리고 있었더니 여자 변호사 분이 들어오셨다. 간단한 인사와 함께 상담이 시작됐다. 약 한 시간 정도 대화를 나눈 것 같았다. 나는 솔직하게 말씀 드렸다. 이제 또 항소로 2심이 시작돼서 뭘, 어떻게 해야 할지 혼란스럽다고 말이다. 변호사님은 상담 시간 내내 성심껏 답변을 해주셨다.

　　요지는 크게 두 가지였다. 성범죄자는 국선 변호사를 선임할 수 있으니 법무부에 요청할 것, 경찰 수사와 형사 1

심 재판이 진행되는 동안 기록을 열람할 수 없었으나 민사 소송을 통해 담당 판사에게 형사기록 문서 송부 촉탁 신청서를 제출해 받아들여지면 볼 수 있다는 것이었다. 재단의 변호사님은 따로 본인 일을 하시고 일주일에 한두 번 정도 재단으로 오셔서 도움을 주시는 입장이어서 법적 도움을 받는 데 한계가 있었다. 하지만 궁금한 점이 있으면 언제든지 재단을 통해 연락 달라고 하셨다.

    아마 그 분이 말씀하신 걸로 기억된다. 내가 판례를 만든 것 같다고 말이다. 재판을 진행하며 계속해서 판례와 여러 사건을 인터넷을 통해 검색해봤지만 남자가 피해자인 사건은 거의 없는 것 같았다. 모든 판례를 찾아보지 않았으니 확언하기는 힘들다. 또 신문 기사를 통해 남자가 여자로부터 추행을 당한 사건이 있었지만 둘 사이에 원만하게 합의가 이루어졌다는 이야기를 접했다. 몇몇 지인이 그게 내 이야기냐고 물은 적도 있었다. 그 사건은 직장 상급자와 하급자 간 발생한 일로 합의가 이루어졌으니 피고인의 형량은 아마 줄어들었을 것이라고 추측한다. 변호사 분은 대화가 마무리 될 때 쯤 앉은 자리에서 머리 숙이며 이렇게 말씀하셨다.

"여기까지 오느라 수고 많으셨습니다"

나는 대화를 마치려는 인사인 줄 알았다. 마로니에 공원 뒤편으로 걸어와서 오르막길을 오른 것을 떠올리며 그렇게 멀지 않았다고 답했다. 변호사님은 그런 얘기가 아니라 혼자 재판을 진행하면서 많이 힘들었을 것 같다며 고생 많았다는 의미였다고 말씀하셨다. 그 말씀에 마음이 뭉클해졌다.

개인적인 상처와 분노로 시작한 일이었지만 나름대로 스스로 의미를 부여하기도 한다. 나의 대응은 양성평등에 기여한 것이 아닐까 하고 말이다. 남성의 성적 결정권과 신체의 자유를 인정하는 것이 여성의 권리와 자유도 확대될 수 있도록 제고하는 계기가 된다고 믿는다. 양성평등이란 차이를 인정하되 어느 한 성에 치우치지 않아야 한다고 생각한다. 물론 차별을 받았던 쪽이 권리 신장을 하며 풍선 효과처럼 예기치 않은 또 다른 불평등을 야기할 수 있다. 진보하는 과정에서 겪는 시행착오일 것이다.

자칫 잘못하면 나의 경우는 남성과 여성 모두에게 비난받는 입장이 될 수 있다. 페이스북에서 이희현의 강제추행 사건을 밝힌 후 극우 성향 커뮤니티의 유저들이 달려든 적이 있었다. 그들은 평소 여성 인권 신장을 주장하는 것에 대해 못마땅하게 생각했다. 그렇기 때문에 이희현도 그들에게 눈엣가시 같은 존재였다. 평소 남자 성범죄자들에 대해 비난을 해오던 사람이 성범죄를 저질렀으니 좋은 먹잇감이 됐다. 하지만 나는 그들은 제지했다. 어느 한 성을 대변하는 입장이 되지 않겠다고 선을 그었다. 여성들이 일상에서 겪는 불편과 차별을 흔히 들어왔기 때문이다. 남성들은 알 수 없는 고충이 많았다. 그리고 또 성범죄를 저지른 이희현 또한 특정 성을 대표하는 존재로 몰아가지 말 것을 당부했다. 개인과 개인 사이에서 일어난 가해와 피해 사건이기 때문이다. 그랬더니 극우 성향 유저들이 이번엔 나를 공격하기 시작했다.

'남자 페미', '페미에게 성추행 당한 페미', '관상은 과학', '그럴만 하다'

이런 말들을 쏟아냈다. 어느 사회나 이념에는 극단적 성향의 사람들이 있기 마련이다. 그들도 아마 그런 존재일 것이다. 나는 단순한 감정 배설이나 소모적인 갈등이 되지 않기를 바랐다.

물론 사법 시스템을 존중하지만 사각지대에는 억울

한 사람들도 더러 있을 것이다. 입증이 되지 않아 자신의 피해에 대한 처벌이 제대로 이루어지지 않은 여성, 범죄 사실이 없음에도 무리한 수사로 누명을 쓴 남성, 혹은 나처럼 피해를 받고도 남자가 뭐 그런 일로 그러냐는 사회적 편견이 두려워 넘어간 남성, 남성이든 여성이든 용기가 나지 않거나, 상대방의 위력에 의해 그냥 넘겨야 했던 사람들 등 다양한 양상이 있을 것이다. 법의 애초 취지대로 억울한 사람이 없는 사회가 되길 바란다.

마이 바디, 마이 초이스(My Body, My choice)

이 챕터의 제목인 '마이 바디, 마이 초이스'는 무슨 뜻일까?

아마도 내 신체에 대한 자유와 성적 자기 결정권을 지켜달라는 내용일 것이다.

이 구호는 내가 사용하거나 만든 것이 아니다. 누군가에 의해 알게 된 것이다. 그것은 바로 이희현의 남자친구 연유석이었다. 연유석과 모진형은 줄곧 공판에 이희현과 함께 했다. 연유석의 외모는 멀리서 봐도 눈에 띄었다. 드레드 머리에 큰 뿔테 안경을 쓰고 키가 컸다. 다소 마른 체형이었다. 시내에서 저런 스타일을 봐도 한눈에 보이는데, 법원에서는 유난히 더 튀었다. 게다가 노랗게 탈색을 하고 알록달록한 옷을 입고 다니는 이희현과 함께 다니니 효과가 배가됐다. 연유석과 나는 일정 간격을 두고 같이 방청석에서 재판을 지켜봤다. 둘 사이에 어떤 제스처나 대화가 오가진 않았다. 나는 혹시나 재판에 불리하게 영향을 끼칠까봐 이희현 측에게 공판 전후로 마주쳐도 그냥 지나쳤다.

연유석은 항상 크로스백을 메고 다녔는데, 거기에 여러 개의 핀버튼 배지가 달려 있었다. 그 중 하나가 바로 '마이 바디, 마이 초이스'라는 구호가 적혀 있는 배지였다.

이희현은 강제추행 혐의로 기소를 당해 재판에 출석했다. 연유석은 무조건 자신의 여자친구인 이희현 편을 들며, 나를 비난하고 있었다. 죄 없는 사람을 마녀사냥 하고 있다면서, 내 편을 드는 사람들 또한 비난했다. 자신의 능동적인 판단 없이 친소 관계로 편을 든다는 것이다. 일종의 정치질이라고 표현했다. 연유석은 그렇게 논리 없이 앞뒤가 맞지 않는 행동을 계속 해서 하고 있었다.

언제 한 번 EBS 다큐멘터리에서 이런 내용을 본 적이 있다. 사람에게 무엇을 옳고 그른지 아는 것은 그다지 중요하지 않다는 것이다. 그것을 행해야 할 때 실천으로 옮기는 것이 가장 중요하다고 했다. 길거리에 쓰레기를 버리지 말아야 한다는 것은 누구나 안다. 하지만 귀찮다고 쓰레기를 버리기도 한다. 범죄가 저질러지는 것을 보거나 부조리에 가담해야 할 때 이것이 올바른 것이 아니라는 것을 깨달은 뒤 망설이지 않고 적절한 행동으로 옮기는 데에는 결단력과 용기가 필요하다.

또 메타인지라는 개념이 있다. 사람은 자기 자신을 온전히 볼 수 없다. 그래서 거울 같은 도구를 통해서만 자신을 볼 수 있다. 메타인지란 '무엇 위에'라는 의미의 메타와, 사람이 오감을 통해 외부의 정보를 받아들이는 인지의 합성어로 '인지의 인지', 즉 자기 자신에 대해 얼마나 객관적으로 인지하고 있는지에 대한 개념이다. 자기 자신에게는 관대하고, 남에게는 엄격한 사람들이 있다. 흔히 이야기하는 이중잣대 혹은 내로남불(내가 하면 로맨스, 남이 하면 불륜)이다. 그런데 이것이 고의일 수도 있고, 메타인지가 발달하지 못해서 본인은 까맣게 모르고 있을 수 있다.

정신의학 전문의의 저서에서 이런 글을 읽은 적이 있다. 가정 폭력을 일삼거나 각종 파렴치한 패륜을 저지르는

자가 어느 날 티비 고발 프로그램을 통해 또 다른 범죄자의 악행을 보고 서는 어떻게 저런 인간이 다 있냐고 분개했다는 것이다. 자신의 행동이 잘못됐는지는 모르고, 다른 사람의 불의를 보고 정의감에 불탄다. 그런 반응을 보고 대체 왜 그러는지 다른 사람들은 의아해할 수 밖에 없다.

사람이란 이렇게 모순적이고 복잡한 존재다. 단면적으로 설명할 수 없다. 자기 자신에 대해서 올바르게 인지하고 성찰하기란 어렵다. 일상 생활이나 업무에서는 멀쩡한 사람이 특정 영역에서는 비이성적이고 비합리적인 판단을 내리기도 한다. 특히나 자기 자신의 행동에 대해서 객관적으로 본다는 것은 얼마나 어려운 일일까. 그렇다고 해서 성찰하고 제대로 보려는 노력을 게을리 해서는 안된다고 생각한다. 나도 누군가에게는 내 의도와는 다르게 잘못을 저질렀거나 상처를 줬을 것이다.

누구나 실수를 저지를 수 있다. 중요한 것은 그 이후의 대처다. 자신의 잘못된 행동에 대해서 제대로 인정하고, 사과하며, 다시는 그러지 않겠다는 약속 말이다. 만약 이희현이 제대로 사과하고 그에 따른 모습을 보였다면 가해자인 그와 피해자인 나의 시간과 노력이 헛되이 쓰이지는 않았을 것이다. 그냥 넘어갔을 수도 있었을 것이다.

다시 한 번 생각한다. 마이 바디, 마이 초이스.

이 구호는 누구를 위한 문구일까. 활자와 실재 세계가 연결되지 않는다면 공허한 소리에 불과하다. 자기 자신의 허영심과 허세를 위한 장식품일 뿐이다. 그래서 나의 말과 행동이 일치할 수 있도록 항상 신경 써야 한다.

친분에 의한 마녀사냥이며, 죄 없는 사람을 모함하는 것, 개인의 자유와 권리는 존중하는 것, 강제추행과 같은 성범죄를 저지르고 법을 이용해서 정당한 죗값을 피해가려 하는 것. 이것이 누구에게 해당되는지 다시 한 번 묻고 싶다.

형사 1심 재판이 끝나고 재판 기록을 열람해봤을 때 이희현의 지인들도 선처 탄원서를 작성해서 제출했다는 것을 알게 됐다. 이름을 보니 나는 전혀 모르는 사람들이었다. 아마 이희현의 같은 업계 동료인 듯했다. 거기에는 이희현이 평소 비난했던 언어와 변명들이 쓰여있었다.

'이희현은 전도 유망한 화가이며, 앞으로 미래가 창창한 젊은이이기 때문에 억울한 일로 발목을 잡혀서는 안 된다는 것'이다.

가해자와 피해자가 누구건 간에 가해자에게만 저런 관용을 베푸는 것은 팔이 안으로 굽은 생각이다. 피해자 또한 미래가 창창한 젊은이일 것이고, 피해를 당한 것만으로도 충분히 억울하기 때문이다.

  게다가 모진형은 사석에서 이희현에 대해 옹호를 하며, 술에 취하면 남자에게 안기는 버릇이 있다고 말했다고 한다. 그렇기 때문에 허벅지에 손을 갖다대는 것이 뭐가 잘못이냐는 것이다. 또, 재판 과정 중 피고인 이희현은 의견진술서를 통해 자신은 다이어트에 강박이 있기 때문에 다른 사람의 허벅지 둘레를 재보는 버릇이 있다고 주장했다. 지금 이 책을 보는 독자 분들께도 묻고 싶다. 이렇게 진술을 하면 무혐의를 받을 수 있다는 생각은 대체 어떤 생각인 걸까. 자신은 원래 추행이 버릇이며, 이번에도 역시 버릇으로 인해 자연스럽게 나온 행동이라고 시인하는 것이 아닐까. 아무리 생각해봐도 왜 그렇게 자신의 잘못을 인정하지 못하고 오랜 싸움으로 끌고 갔는지 이해가 가지 않는다. 그의 주변 사람들도 그의 치기에 장단을 맞춰주는 게 진정 위해주고 도와주는 것이라고 생각했을까. 제대로 된 사람이 주변에 한두 명만 있었어도 폭주를 막아주지 않았을까 싶다

피해자다움이 뭐죠?

앞서 말했지만, 도리어 피해자인 나에게 비난과 이른바 2차 가해가 계속해서 이어졌다. 재판이 진행되는 동안에도 이희현과 그 주변인들은 오히려 나를 탓했다. 처음에는 그까짓 일로 그러냐는 것이었고, 멀쩡하게 잘 지내는데 왜 엄살이냐는 식의 비아냥이었다.

나는 사건을 밝히고, 고소장을 내면서부터 도리어 더 스트레스를 받았다. 그래서 많은 고민 끝에 정신과 진료를 받았다. 그때 항우울증, 항불안증 약을 처방 받아서 매일 복용했다. 그랬더니 긴장과 스트레스가 줄고, 불안 증상도 덜해졌다. 내 몸은 긴장과 스트레스가 생겨 뒷목이 뻣뻣해지거나 상열감이 올라와 얼굴이 붉게 달아오르기도 했다. 혹시나 모를 위협에 대해서도 걱정했는데, 사건 이후 긴 머리카락을 노랗게 탈색한 헤어스타일만 보면 혹시 이희현이 아닐까 하고 놀라서 멀찌감치 거리를 두고 확인하곤 했다. 다행히 법원 밖에서 우연히 마주친 적은 없었다. 아니라는 것이 확인되면 그때서야 마음이 진정됐다. 물리적으로 힘이 더 센 남자도 이렇게 불안을 느끼는데, 만약에 반대의 경우라면 얼마나 불안을 느낄까 하는 생각이 들었다. 어디에선가 불쑥 나타나지 않을지 항상 경계심을 갖지 않을까.

　　내 스트레스는 비단 이희현과 그의 행동 뿐만이 아니었다. 그의 주변인들로부터 받은 비난 때문이었다. 직접적으로 이희현 편을 들어 나를 비난하는 사람도 있었고, 나를 비난하지는 않았지만 나에게서 등을 돌리고 천연덕스럽게 이희현과 관계를 유지하는 사람도 있었다. 나와의 관계와 이희현과의 관계는 서로 독립적이기 때문에 관계를 정리하라고 내가 간섭할 수는 없지만, 나를 외면하고 도리어 이희현을 선택한 것은 큰 실망감을 느끼게 했다. 그래서 한동안 인간에 대한 혐오감이 느껴져 괴로웠다. 아내와 상의 끝에 당분간 페이스북을 접속하지 않기로 했다. 나는 하루하루가 고통스러운데 그 사람들은 뻔뻔하게 자신의 일상을 이야기하는 것을 도저히 지켜볼 수 없었다.

　　처음에는 청첩장 모임의 주최자였던 유정혜(가명)도 내 편을 들며 이희현의 남자친구를 욕하기도 했다. 다른 여자가 자신의 남편에게 추근거리면 도저히 용서하지 않았을 것이라고 말하기도 했다. 하지만 항소 재판 과정에서 유정혜가 피고인 이희현의 요청으로 사실확인서를 제출한 것을 뒤늦게 알게 됐다. 그 내용은 유정혜 본인이 당시 주점에서 강제추행이 일어났던 사실에 대해 인지하지 못했다는 것이었다. 나는 이것을 알고 나서 유씨의 행동에 대해 페이스북에 밝혔다. 페이스북에 한때 접속하지 않던 중 유씨가 지나간 포스팅을 보며 우리 부부가 왜 페이스북에 오지 않는지 궁금하다고 쓴 글이 있었다. 그리고 또 이희현과 친분을 유지하며 그것을 대놓고 드러내는 것이 못마땅했다. 도저히 이해가 가지 않았다. 청첩장 모임을 망친 당사자 아닌가. 나는 그런 모습이 역겨워서 페이스북 친구 관계를 끊고 보이지 않도록 차단했다. 나는 이것이 유씨를 자극해 이 계기로 유씨가 본격적으로 이희현을 도와 사실확인서를 제출했다고 판단했다. 이런 내용을 페이스북에 공개적으로 올린 것이다.

'뒤늦게 알고 보니 유씨가 자신은 사건 당시 강제추행을 목격하지 못했다는 사실확인서를 법원에 제출한 것을 알게 됐습니다' 라는 내용이었다

차단지간이었지만 중간에 있는 누군가가 전한 모양인지 금세 반박글을 올렸다.

'나는 차단당한 것에 대해 아무런 감정이 없고, 사실

확인서란 사실 그대로를 이야기 한 것 아니냐. 나는 못 봤으니 못 봤다고 작성한 것 뿐이다. 피해자가 요청했어도 똑같이 했을 것이다. 나에 대한 언급이 나왔으니 한 번 입장을 밝히지만 다시는 대응하지 않겠다' 라는 내용이었다.

      이 변명이 궁색해보였다. 항상 이런 식의 화법이었다. 사실 그대로를 이야기했다는 것이 피고인의 요청에 의해 이루어졌으므로 피고인의 무혐의를 입증하기 위한 것이지, 피해자를 위한 것이었겠는가. 피해자와 가해자를 동일선상에 두고 누구의 요청이었어도 본인은 그렇게 했을 것이라는 말은 논점을 이탈했다. 게다가 처음에는 모임 주최자의 입장에서 일어난 일이었기 때문에 중간에서 난처하다는 말과 함께, 누구 하나 편들어주기가 그렇게 쉬운 줄 아냐고 당당하게 이야기 했기 때문이다. 축하만 받아도 모자란 자리에서 불미스러운 일에 대해 밝히는 것이 그때 당시 나는 미안하게 느껴졌다. 그래서 나는 이희현에게 사과를 요구하기 전에 유씨에게 미안하다는 말과 함께 양해를 구하기도 했다. 그런 점 때문에 더욱 더 배신감이 들고 서운한 감정이 들었다. 하지만 내가 할 수 있는 것이 없었다. 그냥 그 정도 밖에 안 되는 사람이라고 생각하며 관계를 정리하는 것이 최선이었다. 이 사건을 통해서 많은 사람들의 바닥을 알게 됐다.

항소장에는 강제추행을 당하고 나서 1심 재판이 진행되는 동안 내가 내 페이스북 계정으로 올린 포스팅들의 캡쳐가 모조리 자료로 제출됐다. 그 수고는 이희현의 남자친구가 맡은 모양이었다. 캡쳐 오른쪽 상단에 그의 계정 프로필 사진과 이름이 나와 있었다. 그 중에는 내 일상 이야기도 있고, 사회 문제에 대한 이야기도 있고, 농담을 올린 것도 있었다. 피해자 전승민은 일상 생활이 어려웠다고 하는데, 버젓이 이런 글을 올렸다는 주장이었다. 오랜만에 페이스북 친구인 형, 누나들 세 명을 아내와 함께 경리단길에서 만나 냉동삼겹살을 먹고 병맥주를 마신 적이 있었다. 약 두 달 여간 페이스북 접속과 다른 사람과의 만남을 하지 않은 후였다. 오랜만에 만났으니 기분이 좋아서 이 순간을 사진으로 남겨놓자는 의미에서 다 함께 셀카를 찍었다. 한 누나가 일부 공개로 그 셀카를 페이스북에 올리면서 다같이 만나 즐거운 시간을 보냈다는 포스팅을 남겼다. 이 사진도 항소장에 첨부돼 있었다. 이렇게 사람들도 만나는 것을 보니 일상 생활이 어렵다는 것은 거짓이라고 반박하기 위해서였다.

대체 피해자다움이란 뭘까. 식음을 전폐하고 두문불출하며 꼼짝 없이 누워 있어야 그들의 직성이 풀리는 것일까. 하루 24시간 중 23시간 50분은 괴로움을 느끼다가 10분

정도 잠깐 동안 만이라도 괴로움을 잊고 즐거움을 느꼈다면 그 순간 조차도 그들에게 있어서는 용납할 수 없는 부분이었을까. 나는 항우울증, 항불안증 약을 복용했고 피고인이 처벌을 받지 않을 것이 걱정돼 매일 몇 시간을 컴퓨터 앞에 앉아 강제추행에 관련된 법 내용을 공부했다. 고액의 검진 비용을 내고 정신과에서 검사를 받아 소견서를 제출하기도 했다. 어느 정도 스트레스와 불안 증세가 보이는 것은 사실이지만 그것이 강제추행 사건 때문인지 단정 지을 수 없다는 내용이었다. 검진 비용에 비해 재판에서 얻을 수 있는 것이 별로 없었다. 그런데 이희현도 자신이 마녀사냥으로 인해 큰 상처를 받고 정서적으로 불안해졌다며 정신과 내원 기록을 제출했다. 언뜻 보면 피해자와 가해자가 뒤바뀐 것처럼 보일 수도 있겠다는 생각이 들었다.

글쓰기는 치유가 된다

'모든 슬픔은, 그것을 이야기로 만들거나, 그것에 대해 이야기 할 수 있다면, 견뎌질 수 있다.'

신형철 평론가의 글이다.

상실감이나 우울 증세로 인해 정신과를 찾은 사람들에게 많은 의사들이 글쓰기를 하라고 추천한다는 이야기를 들었다. 답답한 마음을 풀고자 나는 나의 기록을 페이스북에 남겼다. 아무래도 사건이 사건이니만큼 접하는 사람들이 굉장히 부담스러워 했다. 최대한 사람들에게 적대감을 느끼게 하면 안 됐다. 그러면서 몇 가지 세운 원칙이 있다.

1 정제된 언어로 문장을 쓸 것

억하심정이나 나의 감정으로 인해 자칫하면 욕설 등 정제되지 않은 거친 말이 사용될 수 있다. 이것은 단순한 감정배설이지, 아무런 도움이 되지 않는다. 보는 사람들에게 피로감만 느끼게 할 수 있다. 그런 데다가 언어까지 피로감을 준다면 더욱 더 많은 사람들이 관심을 가지려 하지 않을 것이다. '나'라는 사람에 대해서 이야기 하지 않고, 어느 정도 객관적이고 일정 거리감을 둔 상태로 서술하기로 했다.

2 비아냥대거나 조롱하지 않을 것

1번의 내용과 이유가 겹칠 수 있다. 비아냥대거나 조롱으로 상대방을 대한다면 민감하고 무거운 사안이 가볍게

휘발 될 수 있다고 생각했다. 그래서 정제된 언어로 일정 수준의 정중함과 무게감을 지니면서 잘못에 대한 자각을 촉구해야 한다고 마음 먹었다. 나를 옹호하는 사람과 나를 비난하는 이희현 측과 일명 키보드 배틀이 일어난 적이 있었다. 논리적이고 정제된 어법과 내용의 논쟁이 아니라 단순한 싸움으로 흘러 버린 것이다. 거기에 대해서는 주변 사람들은 그럴 수 있어도 나까지 그러면 안 된다고 다짐했다.

3 강요하지 않을 것

SNS에 사건이 공개 됐을, 이희현은 나를 옹호하거나 자신을 옹호하는 사람은 무조건 차단했다. 별거 아니었다. 포스팅이나 댓글에 좋아요를 누르면 가차없이 차단했다. 그리고 내 포스팅에 소송 가야 한다는 짧막한 내용이면 댓글을 단 사람도 차단을 당했다고 나에게 와서 알렸다. 이미 사과문과 이후의 행동을 통해 진정으로 반성하는 것이 아니라 시늉만 냈다는 걸 보여줬지만, 전혀 자신의 잘못을 인정하는 자세가 아니었다. 나는 이희현을 옹호하거나 나를 비난하는 사람들에게 어떠한 제스처도 보이지 않았다. 하지만 전혀 신경이 쓰이지 않았다고 말하면 거짓말이었다. 모진형과 연유석처럼 대놓고 이희현에게 도움을 주고 옹호하는 사람들에게도 말을 아꼈다. 그들이 먼저 나를 차단했다. 하지만 그들 정도로 옹호하려 들지 않는다면 각각 관계는 독립적이기 때문에 그대로 둬야 한다고 생각했다. 당연한 말이지만 더 나아가서 왜 나에 대해서 적극적으로 옹호하거나 관심을 두지 않느냐고 채근하지도 않았다. 어차피 관심을 가질 사람이라면 이미 알려진 정보만으로도 누가 잘못했다는 판단을 끝냈을 것이다. 1심 재판이 끝난 후, 소위 중립기어를 박았던 사람들은 내 행동이 옳았다고 인정하는 듯했다.

2심 판결 승소

21년 8월. 2심 형사 소송도 판결이 났다. 1심 판결이 난지 약 6개월 만이었다. 따져보면 대략 1심은 1년, 2심은 6개월, 3심은 3개월 정도로 기간이 줄어든 듯하다. 2심에서도 마찬가지로 공판이 열렸고 나는 모든 공판을 방청석에서 지켜봤다. 그러면서 꾸준히 탄원서를 제출했다. 2심에서만 3개였다. 약식명령과 1심에서 동일한 판결이 나왔기 때문에 2심에서 그 내용을 뒤집을 수 있는 확실한 방법이 있지 않으면 결과를 뒤집기는 어려웠다. 게다가 이희현 측은 계속해서 자신에게는 혐의가 없다고 주장하고 있었으니 반성이나 합의 같은 감형 사유에도 해당되지 않았다. 처음 피고인 측에서 합의 의사를 밝혔을 때, 내가 단칼에 거절해서 그런지 그 이후로 합의 시도는 없었다.

판결문을 보면 내가 주장한 내용들은 거의 대부분 받아들여졌다. 피고인의 주장은 재판부가 받아들이지 않았다.

받아들여진 나의 주장은 다음과 같다.

시간, 장소, 사건의 순서와 상황 설명 등 피해자의 주장이 일관되고 신빙성 있었다. 추행이 일어났을 때 즉각적으로 공론화 하지 않은 이유는 청첩장 모임이라는 남의 경사가 훼손되지 않길 나도 바랐고, 그런 취지의 김원재의 조언에 동감이었기 때문이다. 추행 당시와 공론화, 그리고 고소장 제출에 서로 약 한 달 정도의 시간 차가 있었는데 이것도 그런 이유와 유산을 한 아내가 충격을 받을 것에 대한 우려 때문이라는 것을 밝혔다.

재판부는 피고인의 주장에 대해서 이렇게 판단을 내렸다.

피고인은 피해자의 사과 요청에 즉각적으로 응한 것에 대해, 추행이 위법 행위라는 소지가 있음에도 '잘못이 있으면 즉각적으로 사과하는 것이 본인의 가치관'이었다면서 술에 취해 기억나지 않는다고 말하는 것은 '쿨하지 못한 행동'이기 때문에 정정하지 않았다는 데 그것은 경험칙에 부합하지 않는다. 모진형과 유정혜의 증언과 사실확인서는 단순히 자신들이 보지 못했다는 사실을 적시할 뿐이지 피해자 주장의 신빙성을 탄핵할 사유가 없다. 게다가 모진형은 피해자와 가해자가 대화를 나누는 것조차 보지 못하였다고 한다. 그리고 피고인 측은 계속해서 피해자가 억하심정이 있어 거짓을 꾸며내어 곤란한 상황에 빠트리려고 모함하는 것이라고 주장하지만 당일 처음 본 사이였기 때문에 그럴 만한 사정이 발견되지 않는다.

판결이 나오고 나서 이희현 측은 바로 3심 재판을 청구하는 상고장을 제출했다.

얼마 쯤이면 충분한 보상이 될까

2020년

11월	민사 소장 제출
12월	피고 답변서 제출
3월	피고 소송위임장 제출
	변론기일 – 기일변경
4월	변론기일 – 추정기일

2021년

9월	변론기일 – 기일변경
10월	변론기일 – 변론종결
11월	판결선고기일

민사 소송을 진행하다

형사 재판과 민사 재판의 차이에 대해서 보통 잘 알지 못한다. 전문적이고 정확한 설명과 정의가 있겠지만, 내가 보기에는, 쉽게 설명하자면 이렇다. 형사 재판은 누군가의 위법 행위에 대해 국가가 처벌을 내리는 것이고, 민사 재판은 개인 간의 이익 침해에 대해 국가가 조정을 내려주는 것이다. 그래서 형사 재판의 판결로 인해 피해자가 물질적으로 얻는 것은 없다. 중간에 합의를 해서 합의금을 받는 경우가 있긴 하다. 민사 재판에서는 자신의 권리를 회복해 달라거나, 피해를 봤으니 손해배상을 해달라는 내용으로 이루어진다.

형사 재판에서 피고인이 유죄를 받으면, 그걸 토대로 피해자가 민사 재판을 제기한다. 정확하게는 소를 제기한다고 한다. 민사 재판의 피해 적용 범위는 형법에 비해 넓게 보기 때문에 형사 재판에서 무죄가 나더라도 민사 재판에서 손해배상을 하라는 판결이 나기도 한다. 명예훼손이나 모욕죄 등이 그렇다. 하지만 형사 재판에서 피고인이 유죄 판결을 받으면 손해배상 위자료 금액이 더 커진다는 차이가 있을 뿐 민사 재판에서는 피해자가 거의 승소한다고 본다.

지인 분의 소개를 받아 한 법무법인의 사무장님을 알게 됐다. 약식명령 이후 1심 재판이 진행되던 중이었다. 연세 지긋한 남자 분이셨다. 딱 봐도 첫인상에서 오랜 경험과 전문성이 느껴졌다. 형사 고소는 수사기관의 도움을 받을 수 있지만 민사 사건은 오로지 피해자, 즉 원고가 모든 것을 입증해야 한다. 그래서 민사 사건에서는 변호사를 선임할까 했지만 얻는 위자료에 비해 선임 비용이 아깝다는 조언을 주변에서 들었다.

민사 소장 작성은 사무장님이 도움을 주셨다. 형사 1심 재판이 진행 중이지만, 약식명령이 유죄로 났으니 민사 소송을 같이 진행하자고 하셨다.

민사에서는 먼저 말했듯 물질적 피해나 정신적 피해에 대해서 원고가 입증을 해야 하는데 정신적인 피해에 대한 보상, 즉 위자료는 우리나라에서 높게 책정되지 않는다. 아주 많아 봐야 기천만 원 정도인 데 그런 경우도 아주 드물다. 일방적인 계약 파기나 불이행 등으로 손해 비용 청구할 때도 그 손해가 피고의 행위에 인한 것이락고 직접적인 사유가 인정되는지를 따진다. 너무 복잡해서 처음에 나는 섣불리 소장을 작성할 수 없었다.

무료로 법률에 관련된 조언과 지원을 받을 수 있는 기

관이 여러 곳 있다. 대한법률구조공단도 그런 곳 중 하나다. 대면 상담을 예약하고 약식명령문을 들고 방문했다. "민사소송을 진행하려고 하는데 소장 작성과 변호사 선임을 맡아주실 수 있나요?" 라고 묻자 성범죄이기 때문에 법률 지원이 가능하다는 답변을 들었다. 그런데 손해배상 위자료 청구액을 기재하는 데에 한도가 있었다. 7~800만 원까지 밖에 기재할 수 없다는 것이다. 그곳의 원칙이었다. 결과적으로 민사 재판에서 승소해 400만 원의 위자료 배상이라는 판결이 나왔지만, 그때는 적어도 천만 원이나 2천만 원 이상의 금액을 받고 싶었다. 의견이 좁혀지지 않아서 상담을 마치고 나왔다.

　사무장님은 손해배상 위자료 청구 금액을 3천만 100원으로 작성해주셨다. 3천만 원이면 3천만 원이지 왜 끝에 100원이 붙는지 의아해하는 분들이 많을 것이다. 민사 사건의 경우 원고 청고 금액이 3천만 원 이하인 경우(이하는 해당 숫자를 포함, 미만은 포함하지 않는다), 소액 사건으로 분류 된다. 소액 사건은 절차의 간편성과 편리함을 위해 변론기일이 한 번 밖에 주어지지 않는다. 그러고서는 바로 선고기일이 잡혀 판결이 난다. 이것을 피하기 위해 금액을 3천만 원 보다 높게 잡은 것이다. 소장을 제출할 때 금액에 비례해서 인지세와 수수료를 내기 때문에 무한정 높게 청구하는 건 무리가 있다. 피고인 측은 이런 점을 들어 나를 공격하기도 했다. 법에 대해 잘 아는 피해자가 교묘하게 거짓을 꾸며 모함에 빠트린다는 것이다. 그 공격이 상처가 되고 억울하게 느껴지기도 했지만, 법 전공도 아니고 알음알음 주변 분들의 조언과 벼락치기 공부로 사건에 대응하는 내 입장에서는 전문 법률인인 피고측 변호사가 그렇게 말하는 것에 한편으로 뿌듯하기도 했다.

내 민사 소장에는 피해자인 나, 그러니까 원고의 인적사항과 가해자, 즉 피고의 인적사항이 적시되고 상황의 간략한 내용과 구체적인 내용을 적은 뒤 최종적으로 어떤 주문을 요구하는지로 형식이 구성된다. 추행으로 인해 분노와 수치심을 느끼고 그 스트레스로 인해 일상 생활이 어렵다는 내용이 주였다. 당사자인 나의 피해와 더불어 아내의 정신적 충격도 있었지만 그것은 그다지 인정되지 않는다고 한다. 정신과에서 작성해준 검사 결과와 의사 소견으로도 나의 정신적 피해에 대한 구체적인 입증을 할 수 없었다. 추행이 있고 나서 형사 사건을 진행하고, 민사 재판을 준비하는 것도 적지 않은 부담과 스트레스가 됐다. 이희현 측에서 정식 재판 청구에 항소를 하고 상고를 하면서 나와 아내가 고통 받는 기간도 늘어났다.

 민사 재판에서는 원고와 피고 측이 재판장 가운데에 놓인 책상에 나란히 앉는다. 출석했는지, 본인인지, 대리인인지 확인을 하며 공판이 시작된다. 출입문 옆에 있는 스크린으로 몇 시에 무슨 재판이 있는지 담당 재판장의 일정을 알 수 있다. 피고인 이희현 측은 변호사만 출석했고, 원고인 나는 나 혼자 직접 출석했다. 형사 재판에서는 피고인이라고 하고, 민사 재판에서는 피고라고 한다. 형사 재판에는 피고인이 의무적으로 법정에 출석해야 하지만, 민사 재판에서는 법률대리인인 변호사만 출석해도 된다.

 담당 재판장은 20분 정도로 촘촘하게 재판 일정이 잡혀 있었다. 재판 시간이 되면 보안관리대의 안내에 따라 원고 측과 피고 측을 자리에 앉힌다. 각각 본인이 출석했는지, 변호사가 왔는지 판사가 확인한다. 사실 공판에서 의미 있는 무언가가 오가진 않는다. 치열한 법정 공방은 없다. 그동안 낸 서류 검토와 함께 앞으로 낼 자료가 있냐는 확인 정도로 진행된다.

 나는 소장과 함께 각종 진단서, 300만 원 형의 판결을 받았다는 약식명령문을 함께 제출했다. 피고 측은 소장에 대한 답변서를 제출해야 하는데, 처음 낸 답변서 내용은 형식적이었다. '원고의 청구를 기각한다, 소송비용은 원고가 부담한다' 라는 판결을 구한다는 것이었다. 그러면서 자세한 답변은 추후 다시 제출한다고 덧붙였다. 답변서를 내야 하는데, 1심 형사 재판이 한참 진행되는 때였으니 거기에 주력하려고 지연 전략을 쓰는 것 같았다. 이희현 측은 정말 정식 재판에서 자신의 형량이 감형되거나 판결이 뒤집어 질 것이라고 진정 믿었던 건지 궁금하다.

 2심 형사 재판 진행 중 나는 형식과 내용을 갖춘, 제대로 된 준비서면을 제출했다. 1심 재판에서 비록 유죄 판결이 내려졌으나, 객관적 증거 없이 사실이 인정된 바 있고, 강제추행 요건이 성립되지 않았음에도 적용됐다(법리오해의 점)는 점을 들었다. 이 준비 서면을 제출하고 난 뒤 민사 재판에서 판사님이 이렇게 말씀하셨다.

"아직 형사 항소가 진행 중이니 그 결과를 보고 재판을 진행하겠습니다. 다음 변론기일은 추정으로 하겠습니다."

 추정이란 잠시 중단한다, 쉽게 얘기하자면 추후에 정한다는 것으로 나는 이해했다. 혹시나 2심에서 1심의 판결이 뒤집어질 경우, 민사 재판의 판결에도 영향을 미치므로 그 뒤로 미룬다는 것이다. 간혹 재판이 진행되는 것을 보고 판사들의 이러한 결정이나 질문 하나하나에 의미를 부여하는 경우가 있다. 일부 사람들은 재판 중 한 쪽에게 질문이 가는 것을 보고 그 쪽에게 유리한 판결이 이루어지나 하고 소위 행복회로를 돌리기도 한다. 2심 항소심의 결과를 보고 민사 재판을 진행하자는 것은 항소심의 결과가 뒤집어질 수도 있다는 판단이 들어가 있다고 오해할 수 있다. 하지만 그것은 전혀 아니다.

내가 보기에 판사들은 공정함이라는 가치를 최우선으로 두고 재판을 진행하는 것 같았다. 예전에 대법관 출신의 한 대선 주자는 자신의 평가나 보도에 대해 편협하다는 표현 대신 협량하다는 말을 쓸 것을 요청했다고 한다. 그러고 나서 그 인물에 대한 평가가 내려질 때 편협하다는 표현은 보이지 않았다. 편협하다는 단어의 '편'은 치우칠 편(偏)이다. 협량하다는 속이 좁다는 뜻이다. 속이 좁다는 것은 개의치 않을지언정 보통 사람들은 그렇게까지 깊게 생각하지 않겠지만 어느 한 쪽으로 치우친다는 평가는 도저히 받아들일 수 없다는 뜻이었다. 한 사람만 보고 한 직업에 대해 다 알 수 있거나 평가를 내릴 수는 없지만, 오랫동안 판사로 근무해왔고 대법관 출신인 만큼 판사의 속성을 일부 알 수 있는 일화였다. 그래서 재판 중에 어느 한 쪽에 우호적으로 보이는 질문이 일부 있다면, 그것은 여러 가지 방향으로 따져보고 살펴본다는 원칙의 하나로 보면 되는 듯하다. 이후 여러 가지 가처분 신청이나 재판을 지켜본 개인적인 경험에 따르면 오히려 그건 위험한 신호로 볼 수도 있을 것 같다. 반대의 결과가 나오는 경우가 많았다. 오히려 나중에 나올 판결의 불리한 쪽에 반론 기회를 주고, 양측 의견과 사정을 모두 다 들어보았다는 제스처일 수 있다.

그렇게 또 재판은 지연돼 갔다. 하루하루가 답답한 날의 연속이었다.

악의를 품고 적극적으로 사람을 x되게 하려는 사람이 있더라

한참 경찰 수사가 진행될 쯤이었던 것 같다. 2020년 6월 11일 이런 기사가 보도 됐다.

> '10대 강간' 누명 쓴 여자 강사, '진료기록'으로 대반전
> 1심서 징역 10년형 선고받았다가 2심서 무죄…대법,
> 원심 확정 (연합뉴스 민경락 기자)

10대 남학생들을 성폭행한 혐의로 재판에 넘겨져 1심에서 징역 10년의 중형을 선고받았던 보습학원 여강사가 학생의 '진료기록' 알리바이 덕분에 누명을 벗게 됐다.

(중략)

1심 재판부는 B군과 C군의 상황 진술이 매우 구체적이고 논리적인 점 등을 근거로 이들의 진술이 믿을 만하다고 봤다. 실제로 이들은 신체 접촉이 있을 당시 상황뿐 아니라 서로 주고받은 대화나 문자메시지까지 구체적으로 진술했다.
반면 A씨 측의 반박은 대부분 인정되지 않았다.

(중략)

하지만 당일 학교 출결 기록에 나온 B군의 결석 사유는 '다리 골절'이었다. 실제로 병원 진료 기록과 B군 어머니 진술을 통해서도 B군이 인대 파열로 병원에서 부목 고정 처방을 받은 것으로 확인됐다.

결국 B군은 성폭행을 당했다는 당일 결석 사유에 대해 신고 당시 사실과 다른 진술을 한 셈이다.

이 기사 내용을 인용하며 이희현은 자신의 페이스북에 게시했다. 포스팅의 내용은 '악의를 품고 적극적으로 사람을 x되게 하려는 사람이 있더라'라는 것이었다. 그러면서 한 댓글 내용은 오히려 학생들이 여자 강사를 평소에 성희롱 했을 것이라고 추측했는데, 이희현은 거기에 대댓글로 '남일 같지 않겠다.. (나도)'라고 남겨놨다. 그리고 또 다른 대댓글로는 '저거의 백만분의 일 정도의 강도로 제가 지금 고잉쓰루하고 있어서 ㅋ 남다릅니다 감정이'라고 말했다.

내 억하심정이 들어간 판단일 수도 있겠지만 나에 대한 이야기였다. 특히나 고잉쓰루 하고 있다는 표현에서는 자신이 고소 당한 것을 말하는 듯했다. 상고심까지 판결이 뒤집어질 가능성은 별로 없지만 그나마 희망을 걸었던 것은 저런 사건에 자신을 이입하고 있어서였을까. 저 사건과 이희현의 범행은 완전히 다른 것이, 처음부터 진술된 사실 내용 중 하나라도 중간에 뒤집어지지 않았다는 것이다.

나는 허위사실 명예훼손 형사 고소를 준비했다. 명예훼손과 모욕죄를 헷갈리는 사람들이 많다. 명예훼손은 어떤 구체적인 사실을 들어 다른 사람의 평판에 해가 되게 하는 것이고, 모욕죄는 단순하게 비하 내용이나 욕설을 생각하면 된다. 모욕죄의 적용 범위는 '돌대가리'라는 표현이나 욕설, 혹은 '너희 부모가 그렇게 가르쳤냐'라는 말까지 다양하다. 명예훼손은 다시 사실 적시 명예훼손과 허위사실 적시 명예훼손으로 나뉘어진다. 거짓을 들어 공격을 하면 당연히 범법 행위겠고, 실제 사실 관계로 상대방을 공격해도 그것 역시 죄가 될 수 있다.

    이를테면 이런 것이다. 이희현이 강제추행으로 벌금 300만 원 형의 범죄자가 됐다. 내가 이희현을 강제추행범이라고 부르거나, 다른 사람들에게 이 사실을 알리면 사실 적시 명예훼손에 해당한다. 사실을 말해도 범죄라니 아이러니하다. 성범죄 피해자들 중 이런 점 때문에 범법자가 된 경우가 많다. 성범죄 가해자의 주위 사람들에게 자신의 피해 사실을 알리며 저 사람 조심하라고 말하고 다녀서도 안 된다. 법무부에서 성범죄 알림e라는 서비스로 자신이 사는 곳 주변에 성범죄자가 있다고 가끔 신상공개 안내가 오기도 하는데, 거기에 이런 안내가 기재돼 있다. 이 정보를 열람할 수 있지만 캡쳐 등의 수단으로 유포하거나 다른 사람에게 보여주면 법 위반의 소지가 있다고 말이다. 범죄자에 대한 판단과 권한은 모두 국가가 갖고 있다. 물론 예외가 적용되는 경우가 있다. 공익성이 인정될 때다. 그래서 유명인이나 정치인의 범죄 혐의 및 사실에 대해서는 실명으로 보도된다. 지난 21대 국회에서는 사실 적시 명예훼손을 사실상 폐지하는 형사소송법 개정안을 일부 의원이 제출하기도 했지만 상임위를 통과하지 못하고 계류됐다. 21대 국회 임기가 끝났으니 그 법안은 폐기됐다. 22대 국회에서는 법안의 부조리함에 귀 기울여 폐지했으면 하는 바람이다.

    명예훼손과 모욕죄는 공통적으로 다음 두 가지 요건을 또 갖추어야 한다. 특정성과 공연성이다. 특정성은 제 3자가 보기에 해당 말이나 글이 누군가를 특정한다, 그러니까 지칭함을 알 수 있다는 것이다. 이것은 얼굴이나 실명, 사는 곳, 나이, 직업 등의 정보가 포함된다. 단순히 다른 정보 없이 전승민이라고 가리켰을 때, 전국에는 나 이외에도 수많은 동명이인 전승민이 많이 있으므로 특정성이 인정되지 않는 경우도 있다. 그리고 공연성은 화자와 청자 이외에 다른 사람에게 들리거나 보여졌는가 하는 것이다. 전파 가능성이라는 것을 전제로 하는데, 가족이 있는 곳에서 명예훼손이나 모욕이 이루어졌다면 다른 사람에게 퍼질 가능성이 없기 때문에 공연성이 인정되지 않기도 한다. 간단하게 설명하자면 이러한 데, 이 사건에 대해서는 다음 장에서 더 자세히 이야기하기로 한다

허위사실 적시 명예훼손으로 고소하다

 나는 또 형사 고소장을 작성했다. 해당 포스팅과 사과문을 작성한 포스팅, 내가 이희현에게 썼던 포스팅 등 여러 가지 자료를 첨부했다. 명예훼손은 공연성과 특정성의 요건을 성립해야 한다고 한다. 이희현의 포스팅이 누구나 볼 수 있게 전체 공개로 작성 됐으니 공연성은 충분히 인정될 수 있겠다고 생각했다. 문제는 특정성이다. 이희현이 당시에 쓴 내용을 그대로 인용했다. 해당 본문과 댓글에는 주어가 없었다. 여러 가지 정황 상 분명히 내가 보기에는 나를 지칭하는 것이라고 확신을 갖게 했다. 페이스북을 통해 사건이 다 공개 됐고, 이희현을 고소한 사람은 나밖에 없기 때문이다. 이것을 비언급 특정성이라는 것으로 주장하고자 했다. 비언급 특정성은 실제로 있는 용어는 아니다. 명예훼손

과 특정성에 대해서 검색을 하다 기사를 통해 한 판례를 접하게 된다.

카카오톡 상태메시지에 '학교 폭력범 접촉 금지'라는 문구를 남겨 놓은 사건이다. 형사 재판 1, 2심에서 정보통신망 이용촉진 및 정보보호 등에 관한 법률상 명예훼손 혐의와 아동복지법 위반 판결을 받아 각각 벌금 500만 원, 벌금 200만 원 형이 내려졌다가 대법원에서 1, 2심의 판단을 기각해 무죄로 선고 됐다.

자세한 정황은 이렇다.

A씨의 딸 초등학교 3학년 B는 동급생인 C에게 따돌림을 당했다. A씨는 이를 학교에 신고했고, 교내 학교폭력대책자치위원회가 열려 C에게 징계가 내려졌다. 징계 내용은 피해학생에 대한 접촉·보복 금지, 봉사활동, 특별교육 등이었다. A씨는 문제의 문구를 카카오톡 상태 메시지에 남겨 놓았다. 뿐만 아니라 가해 학생인 C를 직접 만나 앞으로 자기 딸 B에게 아는 척도 하지 말고 건드리지 말라며 위협했다.

A는 당시 같은 반 학부모 19명이 함께 있는 단체 카카오톡방에 참여하고 있었다. 그렇기 때문에 충분히 그 학부모들이 상태 메시지가 가해 학생 C를 가리키고 있으며, '접촉 금지'라는 표현은 위원회에서 C에게 내려진 징계를 의미한다는 것을 알 수 있다고 1, 2심에서는 판단했다.

하지만 대법원의 판단은 달랐다. 일반적으로 흔히 쓸 수 있는 표현이기 때문에 누군가를 지칭한다고 보기 어렵다는 것이다.

재판부는 "A씨가 카카오톡 상태 메시지에 '학교폭력범' 자체를 표현의 대상으로 삼았을 뿐 특정인을 '학교폭력범'으로 지칭하지 않았다"며 "학교폭력이 심각한 문제로 대두되고 있는 우리 사회의 현실과 초등학생 자녀를 둔 A씨의 지위 등을 고려하면 그가 '학교폭력범'이라는 단어를 사용했다고 이를 곧바로 실제 일어난 학교폭력 사건에 관해 언급한 것이라고 단정할 수 없다"고 밝혔다. 또 "A씨가 상태 메시지를 통해 C양의 학교폭력 사건이나 C양이 받은 조치에 대해 기재함으로써 사회적 가치나 평가를 저하시키기에 충분한 구체적인 사실을 드러냈다고 볼 수도 없다"고 덧붙였다. - 법률신문 20년 6월 17일 손현수 기자 '[판결] 학

폭피해 학부모가 카톡 상태메시지에 '학교폭력범 접촉금지' 문구 썼어도' 기사

　　비록 대법원에서 원심 판결이 파기 됐어도 한 번 시도해볼 만한 가치는 있다고 생각했다. 그리고 특정성은 직접적으로 언급하지 않아도 맥락을 통해 알 수 있을 때도 인정됐다. 이를 테면 초성만으로 언급을 했을 때다. 전승민이라고 완성된 글자로 지칭하지 않아도, ㅈㅅㅁ이라고 쓰거나 ㅅㅁ이라고 가리켰을 때, 맥락을 통해 이것이 그 전승민이라고 유추할 수 있다면 성립된다. 이런 판례와 논리를 갖추고 있어도 실제 인정 받기에는 많은 입증과 타당성이 필요하다. 확실히 나는 선무당이고 법을 제대로 공부하지 않은 것이 이럴 때 드러났다. 나는 단순하게 내가 이렇게 주장하면 인정될 줄 알았다. 결과적으로 내 주장과 혐의 사이에 탄탄한 연결고리를 마련하지 못해 경찰 수사 과정에서 무혐의 판단이 내려졌다. 적어도 누군가가 이희현의 포스팅을 봤을 때 나를 가리키는 것이라는 생각이 들었다는 사실확인서 정도는 첨부해야 하지 않았었나 싶다.

　　고소장을 제출하고 경찰서에 가서 고소인 조사를 했을 때 '제가 보기에는 저를 지칭하는 것이라고 충분히 보여

진다'라는 식의 주장만 되풀이 했던 것 같다. 뒤에 들은 지인 말에 의하면 특정성이라는 것은 그렇게 형식적인 내용으로 주장하면 안된다고 했다. 이희현이 처해있는 상황이 이렇고, 자신의 일도 그렇다고 했으니 당연히 관련된 내 이야기라고 하는 것처럼 말이다. 제 3자가 보기에 전승민을 가리키고 있다고 확실히 뒷받침하는 내용과 자료로 입증해야 하는 것이다.

　　비록 수사 과정에서 명예훼손에 대한 혐의는 무혐의로 처리됐지만 강제추행 재판 과정에서는 탄원서와 함께 해당 포스팅을 판사님께 제출했다. 이것이 강제추행 판결에 영향을 준다고는 보지 않았다. 할 수 있는 모든 것을 하고 싶었다. 그리고 이희현 본인을 비롯한 그 무리가 명예훼손 고소를 계기로 포스팅 내용에 상당히 신경 쓰기 시작하는 효과가 있었다. 모진형도 한때 주어를 생략해가며 나를 정신병자라고 비난하는 포스팅을 쓰기도 했다. 쓸데없이 죄 없는 사람을 모함하려고 하지 말고 그 시간에 집 앞 골목이라도 청소하라면서 말이다. 유정혜는 그 포스팅 댓글로 이미 정신병원에 다니고 있다면서 비난을 거들었다. 내 피해의식일지도 모르겠지만 분명 한 명이 그러는 것도 아니고 관련된 다수가 그러는 것으로 봐서 나를 가리키고 있다고 확신

한다. 아무튼 이후로는 그렇게 주어 생략이나 간접적 언급으로라도 나를 비난하는 포스팅이 보이지 않았다. 내가 볼 수 없게 전체 공개가 아닌, 일부 공개로 썼을지도 모르는 일이긴 하다.

내 사진은 왜 함부로 증거로 갖다 쓴 거야?

'저는 초상권이 없어요'
'초상권 침해에요. 고소할 거예요'

이런 말을 흔히 들어봤을 것이다. 초상권이란 타인의 신체나 얼굴을 식별할 수 있을 정도로 촬영하여 퍼트렸을 때 거기에 대한 동의를 구했는지에 대한 내용이다.

'초상권이란 우리 헌법 제10조(인간의 존엄과 가치, 행복추구권), 제17조(사생활의 비밀과 자유)로부터 도출되는 일반적 인격권으로서 초상의 촬영·작성이 본인의 동의 없이 이루어지거나, 본인의 동의를 얻어 초상이 공표되었지만 그 이용이 동의의 범위를 벗어난 경우, 초상의 공포가 명

예훼손적 표현과 결부되거나 상업적으로 악용된 경우 초상권이 침해되었다고 할 수 있다.'

헌법 외에는 구체적으로 그 개념이 제시돼 있지 않다. 2022년이 돼서야 비로소 법무부가 민법 개정안 3조 3항으로 입법을 추진하고 있다고 한다. 이것도 저작권으로서의 초상권에 국한하는 내용이다. 단순히 타인의 얼굴을 촬영해서 퍼트린다면 형법 위반으로 처벌할만한 마땅한 조항이 없다. 다만 비방하는 내용과 함께 기재해서 누군가의 명예를 훼손했거나 상업적으로 이용했을 때 거기에 대한 책임과 보상을 요구할 수는 있다. 쉽게 이야기 해서 나의 얼굴을 이용해서 무단으로 영리를 취했다면 그때서야 문제가 된다.

이희현 측은 나와 아내가 페이스북 친구인 형과 누나들을 만나 셀카를 찍은 것을 무단으로 법원에 제출했다. 타인의 사진을 무단으로 촬영해서 재판의 증거로 제출한다면 어떨까. 거기에 대한 판례가 있다. 서울중앙지방법원 2016. 7. 1. 선고 2015나62431 판결이다.

사건의 개요는 이렇다. 서울시 관악구의 한 생활스포츠 동호회에서 갈등이 생겼다. A와 B가 회장 선거에 출마 했다가 B가 당선된 후, A를 제명한다고 통보했다. A와 그 측근들이 사조직을 만들어 분란을 일으키고 동호회 운영을 고의적으로 방해했다는 것이다. A 측은 제명 무효 소송을 제기했고 이 과정 중에 B가 A 측의 사진을 무단으로, 동호회 운영을 방해한다는 증거로서 제출했다.

거기에 이런 판결이 내려졌다.

'원고들과 피고의 사회적 지위와 관계, 원고들의 얼굴 등 사진들이 제출된 동기, 이 사건 제명결의 무효확인 소송 중에 이 사건 클럽이 법원에 제출한 서류 등이 클럽 내 게시판에 게시된 점 등 변론에 나타난 제반 사정을 종합적으로 고려하여 볼 때, 피고가 원고들에게 배상하여야 할 손해배상액은 각 30만 원으로 정함이 상당하다.'
'초상권 및 사생활의 비밀과 자유에 대한 부당한 침해는 불법행위를 구성하며, 그 침해가 공개된 장소에서 이루어졌다거나 민사소송의 증거를 수집할 목적으로 이루어졌다는 사유만으로 정당화되지는 않는다.' (대법원 2006. 10. 13. 선고 2004다16280 판결)

나는 뒤늦게 사건 기록 열람을 통해 사진이 무단으로 제출됐다는 것을 알게 됐다. 이 사실을 알게 된 것도 한참 후인데, 경황이 없어 알게 된지 한참 후에야 당사자들에게 알렸다. 셀카를 찍고 자신의 페이스북 포스팅으로 업로드한 작성자는 상당히 황당해하며 언짢아했다. 페이스북 포스팅을 통해 뒤늦게 이런 감정을 표현하며 사진을 무단으로 퍼 날랐을 누군가에게 경고했다. 페이스북 친구 중에서도 리스트에 선정된 일부에게만 공개된 사진이었기 때문에 이희현과의 친분을 고려했더니 의심가는 사람이 두 명으로 좁혀졌다. 누구였는지는 민사 재판을 통해 알게 됐다.

나는 내 아내와 모임을 가진 나머지 세 명에게 동의를 얻어 손해배상 민사 소송을 제기했다. 내가 선정당사자, 그러니까 대표자로서 소장을 제출하고 공판에 출석했다. 나머지 사람들에게는 동의만 구할 뿐, 어떠한 수고도 요구하지 않았다. 동의를 해주는 데는 법원에 출석하거나 번거로운 일이 없었으면 한다는 조건도 있었다. 그러고 나서 나는 민사 소장을 작성했다.

초상권 침해로 민사 소송을 하다

민사 소장을 쓰는 것은 역시 어려웠다. 형사 고소장 같은 경우에 미흡한 부분이 있어도 피해자 조사 과정을 통해 보완할 수 있고, 수사 기관이 나서주기 때문에 수사 시작을 위한 근거를 제공하기만 하면 된다. 물론 입증이 미흡하다면 무혐의라는 결론이 날 것이다. 듣기에 따라 오해할 수 있지만, 수사관은 고소인과 피고소인 중 누구의 편도 아니다. 그저 자신의 일을 할 뿐이다.

민사는 모든 것을 내가 혼자 맡아야 한다는 것을 말하고 싶었다. 변호사나 법무사의 도움을 얻는다면 수월하겠지만 비용을 들이고 싶지는 않다. 소장을 제출할 때 내는 인지세와 수수료도 아깝게 느껴졌다. 이 소송은 전자소송으로 진행했다. 법원 전자소송 홈페이지를 통해 소장과 각종 자료를 제출하는 것이다. 변론기일이나 선고기일, 판결 내용 등과 같은 안내를 전자 문서를 통해 받을 수 있다. 자료나 정보가 부정확하거나 미흡할 때 법원이 요구하는 보정명령도 마찬가지다. 법원에 직접 가지 않아도 되고, 우편을 통해 받게 되면 드는 시간을 줄일 수 있다.

다섯 명이 함께 하는 공동소송을 해본 적이 없어서 처

음에는 선정당사자라는 말이 무엇인지도 몰라 하나 하나 검색해가며 칸을 채워나갔다. 단순히 인원이 늘어나는 것뿐만 아니라 원고가 혼자인 소송과 절차와 형식이 아예 달랐다.

　　청구취지에는 '피고는 원고에게 각 100만 원을 지급하고 소장 송달일 다음 날로부터 완제일까지 연 12%를 지급하라'고 작성했다. 손해배상에 대한 이자는 12%가 일반적이다. 하지만 보정명령이 내려졌다. '원고들 상호간의 관계(연대하여, 각)를 명확히 하여 청구취지변경신청서를 작성하라'는 내용이었다. 공동소송인 원고 다섯 명에게 모두 지급하라는 돈이 100만 원인지, 각각 1명에게 지급하라는 돈이 100만 원인지 명확히 하라는 것이다. 정확하게 전달되게끔 썼다고 생각했는데 그게 아니었다. 이렇게 수정해서 제출했다. '피고는 원고들에게 각 100만 원을 및 각 금액에 대하여 이 사건 부본 송달일 다음 날부터 완제일까지 연 12% 이자를 지급하라' 변경신청서가 바로 접수 됐다. 받아들여져서 다행이지만 자구에 어떤 차이가 있는지는 아직 모르겠다.

　　소장을 접수한지 한 달 만에 우편으로 피고 측 답변서가 제출됐다.

'원고들의 청구를 기각한다, 소송비용은 원고들이 부담한다 라는 판결을 구한다. 아직 재판준비가 부족하기 때문에 보강해서 제출한다'라는 내용이었다.

나는 주변으로부터 조언과 도움을 받기는 했지만, 모든 소송은 처음부터 끝까지 내 손을 거쳤다. 하지만 이희현은 변호사를 선임해서 강제추행 혐의에 대한 형사 재판과 민사 재판 모두 그들에게 맡겼다. 강제추행에 관련된 형사, 민사 재판이 끝났기 때문에 도움을 줄 변호사는 없었다고 생각하지만 어떻게 대응했는지는 잘 알지 못한다. 확실한 것은 강제추행 민사 재판과는 다르게 이번에는 자신이 혼자 출석했다는 것이다.

피고의 답변 내용에 특이한 것은 이희현 자신이 모임의 주최자인 유정혜와 원고들 중 한 명인 페이스북 게시자, 이렇게 세 명이 함께 찍은 또 다른 셀카를 제출했다는 것이다. 그러면서 자신의 행위가 권리를 침해하지 않았다는 것을 주장하고 싶은 모양이었다. 또 페이스북의 약관 내용을 캡쳐해서 첨부했다.

(생략) This means, for example, that if you share

a photo on facebook, you give us permission to store, copy, and share it with others (again, consistent with your settings) such as Meta Products or (후략)

이런 내용이었다. 페이스북에 게시를 한 사진은 페이스북에 권리를 양도한다는 것이다.

재판을 진행하기에는 다소 중요하지 않은 문제였는지, 어떤 이유에선지는 모르겠지만, 조정회부결정이 통보됐다. 판사가 판결을 내리지 않고 원고와 피고의 합의로 사안을 마무리하도록 유도하는 절차다. 날짜와 시간을 정해 조정기일에 양자가 조정위원과 함께 삼자대면하여 대화를 나눈다. 서로 합의에 이르면 판결과 같은 효력을 갖는다. 하지만 양 측 중 한 명이라도 이 과정에 거부하면 재판이 진행된다. 법과 재판을 통해 양자 간 일어난 갈등을 해결하기 보다는 대화를 통해 갈등을 완화하려는 목적이라고 들었다. 행정력이 소요되는 것도 줄일 수 있다.

하지만 이희현 측에서 먼저 조정기일 불출석 의사를 밝혔다. 불출석 사유서에 밝힌 내용은 이렇다.

'전승민은 자신이 피해자라고 주장하지만 지난 1년간 SNS에서 나를 너무나도 괴롭히며 큰 고통을 주었다. 재판이 진행되면 서면을 통해 의견을 개진하겠다. 판사님께서 법리와 상식에 부합한 결정을 내리길 바란다.'

나와 마주하며 이야기를 나누는 것에 굉장히 거부감을 느끼는 것 같았다. 강제추행 피해자는 바로 나다. 이희현은 자신의 무죄를 입증하기 위해 나와 아내, 내 친구들의 사진을 무단으로 법원에 제출했다.

조정 과정에 거부 의사를 밝혔으니 재판이 진행됐다. 청구 금액 3천만 원 미만의 소액 재판이기 때문에, 변론기일은 딱 한 번다. 나와이 이희현이 원고석과 피고석에 나란히 앉았다. 변론기일까지 이희현은 자신이 왜 이곳에 있어야 하는지 이유를 전혀 이해하지 못하고 있었다. 여전히 탈색 머리와 알록달록한 착장으로 정제되지 않은 말투와 언어를 사용하며 재판장에서 판사님께 따지듯이 물었다.

"상업적 용도가 아닌 재판에 제출한 건데 왜 초상권 침해죠?"

"페친 중 일부 공개로 올라온 사진을 제출한 건 맞지만 건네준 사람한테 화가 난 걸 저한테 화풀이 하는 거 같아요"

"원고가 어제 밤에 낸 준비서면을 제가 어떻게 준비해서 답변하라는 거죠?"

이러한 말들 중에 중요한 사실을 알게 됐다. 이희현에게 건네준 사람이 있다는 것이다.

비록 판결은 원고 측 패소로 결정났지만, 이 사실을 알았다는 것이 수확이라면 수확이었다. 패소 이유는 이렇다. 일반인에게 공개된 것이 아니고 형사 재판 과정 중에 법원에만 제출됐고, 영리성을 목적으로 하지 않았기 때문이다. 이희현이 자신이 제출하지 않았다고 거짓말을 하는 것일 수도 있다. 하지만 이희현 말을 진실이라고 존중한다면, 누가 페이스북에서 무단으로 다운로드 해서 법원에 제출했는지 중요한 단서가 됐다. 판결문에는 피고의 주장대로 피고의 지인에 의해 사진이 제출됐다는 것이 명시됐다. 하지만 그것이 어떤 위법성을 갖는지 입증이 부족하다고 했다.

모진형은 이희현의 재판에 적극적으로 도움을 줬다. 첫 번째 공판 때도 법원에 직접 올 정도였다. 그리고 재판이 끝나고 모진형과 이희현 그리고 변호사가 나란히 법원을 나서는 장면을 목격했다. 변호사의 주요 이력에 보험 관련 소송이 있는 것을 봐서는 모진형에 의해 이희현이 소개 받았을 가능성이 크다. 모진형이 그 관련 직업을 가졌기 때문이다. 페이스북 게시물 공개 목록에는 모진형이 있었고, 의심이 가는 두 사람 중 한 명이 모진형이었다. 이 모든 가정과 전개가 맞다면 모진형은 이희현의 무죄를 위해 변호사에게 페이스북 게시물로 나와 내 친구들의 셀카를 보고 이희현에게 건네주어 법원에 제출하도록 한 것이다. 왜 이렇게 모진형이 이희현에게 과잉 충성을 했는지 이해가 가지 않는다. 만약 초상권 침해 민사 소송이 이희현의 패소로 결정났다면 그에 대한 책임도 함께 지려고 했을까. 이희현의 남자친구도 이렇게까지는 도움을 주지 못했을 것이다. 아직도 이유가 궁금하다.

강제추행 위자료 손해배상 민사 승소

형사 2심 재판이 끝나고 민사 재판도 재개됐다. 형사 재판에서 유죄로 판결 받았기 때문에 당연히 민사에서도 이희현의 패소였다. 다만 판결 받은 위자료 액수가 예상보다 적었다. 400만 원이었다. 완제일까지 이에 대한 이자도 지급해야 한다. 이희현의 강제추행 혐의가 입증 돼 벌금 300만 원을 받은 것은 참 다행이었지만, 위자료 액수가 너무 적게 느껴졌다. 형사 재판에서 항소를 하였기 때문에, 피해자의 고통이 더 늘어나는 것을 감안해서 조금 더 많은 액수가 정해질 것이라 기대했다. 하지만 이것은 법에 대한 경험과 지식이 부족한 나의 오판이었다. 민사 판결이 나오고 나서 법조 관련에 종사하는 지인에게 물어보니 형사 사건의 벌금 금액과 거의 비례해서 정해진다는 말을 들었다. 판결 내용은 아주 간단했다.

피고의 불법행위로 벌금 300만 원 형 등의 결정이 법원에서 내려졌고, 항소와 상고를 통해 대법원에서 계속 진행 중이다. 피고는 원고에게 정신적 손해를 배상할 책임이 있고, 그 범위는 여러 사정을 고려할 때 400만 원으로 정함이 적당하다.

따라서 400만 원과 이에 대하여 이 사건 부본 송달 다음 날인 2020년 11월 17일부터 판결선고일인 2021년 11월 23일까지는 민법이 정하는 연 5%, 그 다음 날부터 다 갚는 날까지 연 12%의 이자를 지급할 의무가 있다.

원고의 청구는 인정 범위 내에서 인용하고, 나머지 청구는 이유없어 기각한다.

내가 입은 정신적 손해에 대한 배상 금액은 400만 원으로 결정이 났는데, 거기에 대한 자세한 설명은 없었다. 단지 민사 재판 기간이 늘어남에 따라 거기에 대한 이자 지급이 따랐다. 그리고 판결문에서도 언급한 것처럼 400만 원 이외의 손해 배상에 대해서는 받아들여지지 않았다. 아내의 정신적 피해나 여러 가지 주장은 인정되지 않은 것이다. 나에게는 큰 일이지만 법원이나 다른 사법 체계 내에서는 그렇게 비중 있는 일이 아니었다. 민사 소장에 대한 조언을 구할 때 사무장님께서도 그렇게 말씀하셨다. 그 말을 들었을 때 다소 놀라기도 했다. 막상 판결을 받아보니까 사법 체계나 전체적인 사회 질서의 틀에서 보자면 마땅히 그러겠지만 어딘가 서글픈 마음이 들었다. 400만 원이라는 돈이 누군가에게는 큰돈일지도 모른다. 하지만 나의 정신적 손해나 여러 가지 비용, 노력, 상처에 비하면 지극히 적은 돈이라는 생각이 든다. 아니, 적고 크고를 떠나서 차라리 이 돈을 받지 않고 그런 일이 없었던 것이 더 나았다. 얼마 간이라도 금전으로는 보상이 되지 않을 것이다. 형사 재판 중 이희현 측 변호사로부터 합의 의사를 들었을 때, 아예 합의가 성립되지 않게 합의금으로 몇 억 단위를 불러볼까도 생각했다. 지나고 나서 지금이나마 가볍게 이야기를 할 수 있지만, 그때는 장난으로라도 그런 말을 할 수 없을 정도로 신중했다. 어차피 억 단위의 큰 액수를 부른다면 그쪽에서 합의 의사를 접었을 것이다. 하지만 나는 액수가 중요한 것이 아니라 피고인의 진정한 반성과 사과가 필요하다는 것을 피력하고 싶었다.

그리고 또 법원의 주문에는 소송비용에 대한 부담 비율이 정해졌다. 2분 하여 1은 원고가, 나머지 부분은 피고가 부담하라는 것이다. 소송비용, 그러니까 변호사 비용 보전에 대해서 많은 사람들이 오해하는 부분이 있다. 어차피 승소하면 변호사 비용 다 받아낼 수 있다는 것이다. 패소한 측에 나의 변호사 선임 비용 등 각 소송 비용을 청구할 수 있지만 산출 공식과 비율이 정해져있다. 이 공식은 복잡하다. 예를 들어 산정 방법에 따르면 300만 원 미만일 때 최고 청구 가능 금액은 30만 원, 5억 이상일 때는 0.5% 수준이다.

나는 민, 형사 재판 어떤 것에도 변호사를 선임 하지 않고 나홀로 소송을 진행했다. 그래서 송달료와 인지 외에는 별다른 비용이 들지 않았다. 위자료 청구 금액에 따라 인지액이 결정돼 나는 3천만 100원을 청구하였으므로 약 40만 원 정도가 들었다. 이것도 어떻게 보면 부담이 되는 비용이다.

승소라는 개념에 대해서 설명할 필요가 있다. 민사

재판에서는 원고의 청구가 얼마나 받아들여졌느냐에 따라서 승소와 패소가 가려진다. 만약 청구한 금액이 100만 원일 때, 법원이 이 요구를 다 받아들인다면 완전 승소가 된다. 100만 원 전체가 받아들여지지 않으면 그때는 일부 승소다. 내 청구 금액 3천만 100원 중 400만 원만 받아들여졌으므로, 비율로 치면 극히 적은 부분만 받아들여진 일부 승소로 보면 된다. 이 비율로 원고와 피고의 소송 비용에 대한 부담이 정해진다. 나는 승소를 하고도, 원고와 피고 양 측의 전체 소송 비용 중 1/2을 부담하라는 결정이 내려졌다. 나홀로 소송을 한 나에 비해, 이희현 측은 변호사를 선임했으므로 더 많은 소송 비용이 부담돼 이희현 측에서 소송 비용을 나에게 청구했으면 나는 정신적 손해배상에 대한 위자료 외에 선임 비용을 비롯한 각종 비용의 절반을 꼼짝없이 냈어야 했다.

    나는 이러한 사정도 모르고, 민사 소장 작성을 도와주신 사무장님께 인지와 송달료의 일부라도 이희현 측으로부터 받고 싶어서 여쭤봤다. 그랬더니 단칼에 만류를 하셨다. 피고 측에서 변호사 비용 청구하면 오히려 내가 손해라는 것이다. 그래서 민사 소송을 제기할 때는 이러한 사정을 고려해서 청구 금액을 산정해야 하는 것 같다.

민사의 승소는 또 다른 시작

　법원에서 민사 재판에 대한 승소 판결이 내려진다고 돈이 바로 지급되는 것이 아니다. 이 판결을 근거로 각종 행정처리를 하고 권리를 요구해야 한다. 승소는 집행권원으로서 채권을 행사할 근거에 불과하다. 그러니까 또다시 법원에 피고로부터 돈을 받게 해달라는 절차를 밟아야 한다. 이것도 오롯이 나의 몫이다. 물론 쉽게 손해배상액이 지급되는 경우도 있다. 패소한 피고가 원고에게 계좌번호를 요청해 바로 입금해주거나, 원고가 가져갈 수 있게 법원에 공탁을 하는 것이다.

　법원으로부터 승소 판결을 받으면 그때부터 원고는 채권자, 피고는 채무자가 된다. 손해배상 소송 뿐만 아니라 가처분이나 가압류 신청 등도 그런 권리가 주어진다. 일반적으로 채권자는 돈을 빌려준 사람, 채무자는 돈을 빌려서 갚아야 하는 사람이라는 의미로 사용된다. 하지만 넓게 보면 채무자는 의무를 이행해야 하는 사람, 채무자는 채권자에게 일정한 행위를 할 것을 청구할 수 있는 사람이라는 의미다. 민사 소송에서 승소해서 채권자가 된 자는 내가 보기에 무서우리만큼 큰 권한을 갖는다. 채무자의 재산이 어떤 상태인지 알 수 있고, 재산 처분에 대한 결정권도 갖는다. 나에게 돈을 지급하는 과정에서 의무를 이행하지 않으면 감치라고 해서 교도소나 구치소, 유치장에 최대 30일까지 구속시킬 수 있다.

이희현 측 변호사에게 내 통장 사본을 전한지 3주가 지나도 입금은 이루어지지 않았다. 시간이 지남에 따라 400만 원 거기에 대한 이자까지 붙는다. 더 이상은 기다리지 못해 절차를 밟기로 했다. 일단 이희현의 재산이 어떻게 구성돼 있는지 알기 위해 재산명시신청을 했다. 이것이 받아들여지면 채무자는 법원에 자신의 모든 재산 내역을 작성해 제출해야 한다. 어떤 재산이 있는지 알아야 법원에 강제집행을 신청할 수 있기 때문에 꼭 필요한 절차다. 재산명시신청을 위해 법원에서 이희현의 최근 주민등록등본을 뗄 수 있는 허가가 내려졌다. 이것을 들고 주민센터에 가면 주민등록등본을 발급 받을 수 있다. 최근 1달 이내의 전입 상태가 나와 있는 등본을 발급 받아 법원에 제출했다. 재산명시신청이 받아들여졌고 채무자는 재판처럼 법원에 출석해야 한다. 이때 이것을 이행하지 않으면 구속이 되는 경우도 있다.

재산명시신청이 받아들여진지 얼마 되지 않아 이희현 측 변호사 사무실에서 연락이 왔다. 400만 원과 그에 대한 이자까지 입금할테니 바로 재산명시를 취하 해달라는 것이다. 나는 알았다고 대답했다.

그러자 바로 입금 됐다는 알람이 핸드폰에서 울렸다. 이자까지 총 4,285,369원이었다. 입금자 명은 20가단***** 으로 사건 번호였다.

입금이 이루어진 후 다시 전화가 왔다.

'입금 확인하셨죠? 가능하면 빠른 시일 내에 법원에 재산명시 취하 부탁드립니다. 언제까지 가능하실까요?'

이렇게 다급한 반응에 놀라웠다. 그동안 몇 주가 넘어서도 꼼짝 않다가 재산명시가 받아들여지자마자 입금이 이루어지다니 말이다. 그러고서는 당장 취하를 해주지 않으면 큰일이라도 날 것처럼 안달복달이다. 거기에 많은 생각이 들었다. 조금은 괘씸하기도 하고 귀찮은 생각이 들어 천천히 제출할까 하는 생각도 들었다. 하지만 다급한 요청에 조금이라도 지체하면 안 될 것 같아서 전화를 끊고 바로 취하서를 제출했다. 역시 국가의 강제력이란 무서운 것이구나 하는 것을 느꼈다.

가해자에게 받은 돈을 내가 쓸 수 없어

민, 형사 소송을 진행하며 돈이 거의 들지 않았다고는 했지만 아예 비용이 들지 않은 것은 아니었다. 모든 비용을 계산해보면 100만 원 조금 안되는 돈이 쓰였던 것 같다. 정신과에서 소견서를 제출하기 위한 검사 비용과 민사 소장 접수 비용이 가장 많은 부분을 차지했고, 이것저것 지출됐다. 직접적으로 비용이 나간 것만 그렇고, 나의 시간과 노력 그리고 재판에 참석하기 위해 생업에 지장을 받은 것까지 따져 보면 더 많은 비용이 든 셈이다. 하지만 가해자로부터 받은 돈을 내가 쓸 수 없었다. 왠지 찜찜한 기분이 들었다. 민사 위자료를 받을 때도 원래 쓰는 계좌가 아니라 안 쓰는 계좌를 이용했다. 설명하기는 어렵지만 돈에도 기운이 느껴진다는 기분이었다.

이 돈을 어떻게 처리 할까 많은 고민을 했다. 내 고민을 털어놓았더니 주변 사람들 중 많은 사람들이 나를 위해 쓰라고 말했다. 그동안 수고가 많았으니 여행을 가거나 맛있는 것을 먹거나 소소하게 단순히 나의 즐거움을 위해 쓰라는 것이다. 예전에 인터넷을 하다가 도시괴담같은 이야기를 들은 적이 있었다. 10대 후반의 한 어린 학생이 유럽으로 혼자 배낭 여행을 와서 경위를 물어보니까 인터넷에서 자신에게 욕을 한 사람들에게 합의금을 받은 것으로 왔다는 것이다. 이렇게 합의금이나 위자료를 받아 다른 사람의 돈으로 놀고 먹는 데에 쓰는 것을 많은 사람들이 꿈꾼다. 나도 그 이야기를 들었을 때 아무 거리낌 없이 그럴 수 있을 것이라고 생각했다. 하지만 성범죄는 달랐다. 소송 기간도 너무 길었고, 가해자에게 계속 좋지 않은 감정이 남았다. 혐오감도 느껴졌다.

아내와 상의한 끝에 전액 기부하기로 결정했다. 이왕 힘들게 얻어낸 돈이니 의미있게 사용하고 싶었다. 나의 노력과 아픔의 대가를 가볍게 쓰고 싶지 않았다. 게다가 소송을 진행하는 동안 이희현과 그 주변인들로부터 그렇게까지 해야 하냐며 얼마나 많은 비난을 받았던가. 그래서 더더욱 보란 듯이 떳떳하게 행동하고 싶었다. 이희현은 형사 재판 중 자신의 진술에 이런 말을 하기도 했다.

"나를 고소한 피해자는 자아도취에 빠져있다. 피해자는 가정을 꾸린 건실한 유부남에 이렇게 스스로 정의로운 사람이라는 것을 어필하려고 한다."

다시 한 번 이 사건을 간단하게 이야기 하자면 가해자 이희현이 처음 만난 사람의 허벅지를 아무 이유 없이 만진 일이다. 거기에 어떤 계략이나 음모가 덧대어지지 않는다. 형사 재판 2심 판결문에서도 언급됐듯이 피고소인 이희현은 자신을 음해하려 든다고 주장했지만, 처음 만난 사이고 일면식이 없었기 때문에 그럴 만한 이유가 전혀 보이지 않는다고 했다. 하지만 거꾸로 생각해보면 이희현이 나에게 그럴 듯한 의미를 부여해준 것이 아닐까. 나는 그런 의도나 시선을 노린 것이 아니었지만 결과적으로 이희현이 말한 것처럼 정의로운 사람이 됐다. 이 사건에 대해서 이야기하거나 수사기관과 법원에 서류를 제출할 때 나 스스로에 대해서 이야기한 적이 없었다. 나의 고통과 감정, 상황에 대해 이야기했을 뿐이다. 그동안 SNS를 통해 많은 성범죄자들을 향한 비난을 외쳤을 때, 이희현은 스스로 그러한 기분이었을까. 나는 정의감이 넘치는 사람이라고 말이다.

    기부를 결정하기로 마음 먹었지만 이것도 쉽지 않았다. 어디에 기부를 해야 할지 전혀 아는 것이 없었다. 기부금을 받는 기관이나 단체는 많았지만 사건과 연관성이 있어야 한다고 생각했다. 그래야 진정 의미가 생긴다고 믿었다. 몇만 원 씩 NGO나 각종 단체에 기부를 한 적은 있지만 성범죄 관련으로 생각해보니 막상 떠오르는 곳이 없었다. 일 하다가 알게 된 지인께 전화를 드렸다. 이 분은 성폭력과 학교 폭력 등 많은 피해자들의 구제를 위해 다양한 활동을 하셨다. 영화로도 제작된 한 사립학교 사건에서도 공동 변호인을 맡으셨다.

"안녕하세요? 전승민입니다. 잘 지내셨죠?"
"네 오랜만이네요"
"제가 지난 번에 한 번 말씀 드린 제 사건 있잖아요. 강제추행 사건이요. 민사 위자료를 받게 됐습니다. 이 돈을 의미있는 곳에 기부하려고 하는 데 마땅한 곳 아시는 곳이 있을까요?"
"여기는 어떨까요? 미혼모 지원을 위한 기관인데 몇 명씩 선정해 일정 금액을 후원하고 있습니다."
"미혼모 분들에게 쓰이는 것도 의미가 있지만 한 번 생각해보겠습니다"

성범죄나 양성평등과 직접적으로 연관이 있는 곳에 기부를 했으면 싶었다. 그래서 인터넷 검색 엔진을 통해 무작정 찾아봤다. 많은 기관이 나왔지만 그 중에서 눈에 띄는 곳이 있었다. '한국성폭력상담소'라는 곳이었다. 홈페이지에 나와 있는 유선 전화번호로 바로 전화를 걸었다.

"네 한국성폭력상담소입니다."
"안녕하세요 제가 기부를 하고 싶은데요"
"그럼 담당자 분 연결해드릴게요"
(잠시 후)
"전화 받았습니다"
"안녕하세요 제가 기부를 하고 싶어서 전화 드렸습니다"
"정기 후원이세요? 일시 후원이세요?"
"사실은 제가 강제추행 피해자로 이번에 가해자로부터 위자료를 받았어요. 그래서 전액을 후원하고 싶습니다"
"일시 후원이시군요. 가해자로부터 위자료를 받은 상황이신가요?"

나는 처음에 이 질문이 무엇을 의미하는지 몰랐다. 간혹 성범죄 고소 과정 중에 합의를 하거나 위자료 청구를 할 때 피해자의 요구로 가해자가 직접 기관에 입금하는 경우가 있다고 한다. 그럴 때 생기는 문제가 있다. 후원금을 냈으니 가해자가 자신의 이름으로 세액 공제로 요청한다는 것이다. 성범죄 가해자라고 세액 공제를 해주지 않을 수는 없으니 후원 받는 기관에서도 답답한 모양이었다. 그 이야기를 들으니 세상에는 참 많은 일이 있구나 싶었다.

"네 제가 받은 위자료를 갖고 있습니다"
"다행이네요. 세액 공제 때문에 가급적이면 피해자가 받아서 후원해주시라고 하거든요"

이희현으로부터 받은 돈 4,285,369원을 1원도 빠짐없이 전액 입금했다. 그렇게 남김 없이 다 보내야 내 마음이 편해질 것 같았다. 입금하고 나서 다시 담당자께 전화를 드렸다.

"보내드렸습니다"
"혹시 이 이야기를 저희 기관 공식 인스타그램에 올려도 될까요? 가끔 꺼리는 분들이 계셔서요"
"네, 그럼요"

그렇게 내가 기부한 이야기가 그림으로 그려져 몇 장

의 그림과 함께 한국성폭력상담소 인스타그램 포스팅으로 소개됐다. 긴 고민 끝에 한 기부는 전화와 계좌 이체로 간단하게 몇 시간 만에 이루어졌다. 누군가에게는 적지 않은 돈일 수도 있지만, 400여만 원이라는 돈으로 내 인생이 크게 달라지는 것은 아니다. 그렇게 생각하니 기부에 망설여지지 않았다. 지금 돌이켜봐도 잘한 결정이었다. 여행이나 음식, 각종 취미 생활 등 내 즐거움을 위해 썼더라면 많이 후회했을 것이다.

소송을 통해 얻은 것

피고인 상소장 제출

9월	사건접수, 재판부 지정
10월	재판부 배당
11월	상고기각결정, 원심 유지

대법원까지 인정한 강제추행범

　　이희현은 항소심의 결과도 받아들이지 못해 상고장을 제출했다. 1, 2심은 사실심, 3심은 법률심이다. 사실심이 재판에서 다루는 해당 사건의 사실관계를 주로 다루는 것이라면, 법률심은 이전 재판에서 적용된 법률이 올바르게 적용됐는가 하는 것을 판단한다. 그래서 2심에서 확정된 판결은 3심에서 뒤집어지는 경우가 정말 드물다고 봐야 한다. 재판 내내 이희현 측은 강제추행 요건이 성립되지 않는다고 주장했지만, 나는 판례를 찾아서 강제추행 요건이 성립되는 이유를 제출했다. 물론 정식 변론이 아닌 탄원서로 그 주장을 펼쳤고 탄원서는 단순히 참고하는 정도이기 때문에 그 주장이 받아들여졌을 것이라고는 생각하지 않는다. 판례와 법리의 변화를 이희현 측 변호인이 따라가지 못했다는 말을 하고 싶은 것이다.

　　오히려 대법원까지 사건을 끌고 갔기 때문에 이희현의 혐의는 더욱 더 확실해졌다. 약식기소와 세 번의 재판 모두 사법부의 의견에 이견이 없다는 것이다. 그렇게까지 자신의 혐의를 벗고 싶었던 이희현이 끝내 얻은 것은 무엇일까. 나에게 준 위자료와 그의 변호사 선임 비용만이 소요됐다. 1, 2, 3심 형사 재판과 민사 재판까지 모두 변호사를 선임했다. 그것을 모두 얼추 계산해보면 누군가에게는 1년 연봉에 해당하는 금액일 것이다.

소송 이후의 생활

'소송 결과에 대해 만족하시나요?'

누군가 이런 질문을 한다면 내 대답은 단칼에 '아니오'다. 어떤 형량이 내려지든 만족하지 못할 것이기 때문이다. 이희현과 나는 모두 운이 좋지 않았고, 내 주장이 받아들여졌으니 나는 그나마 이희현보다는 조금 더 운이 좋았다.

나에게 이희현에 대한 제보가 들어오기도 했다. 모진형 말대로 이희현은 남에게 안기는 등 술버릇이 좋지 않고, 다른 사람의 허벅지 둘레를 재는 버릇이 있었다. 술자리에서 실수하는 것이 처음 있는 일이 아니라는 것이다. 예전에 한 번은 이희현이 자신의 페이스북 포스팅에서 자신의 성범죄에 대해 변명하는 사람들에 대고 이런 말을 남겼다. 지금까지 그렇게 살아왔기 때문에 또 잘못을 저지른다는 것이다. 이희현도 그들과 마찬가지였다.

　나는 때로 '어제의 범죄에 대해 벌을 주지 않으면 내일의 범죄에 용기를 주는 것'이라는 알베르 까뮈의 말을 떠올리고는 한다. 그런 마음으로 소송에 임했다. 자신의 잘못에 대해서는 부정하거나, 행위의 동기에서부터 따져보느라 그럴 수 있었다는 관점으로 바라보기 마련이다. 반면 다른 사람의 잘못은 행위의 결과로부터 따져본다. 이제 이희현은 어떤 마음일지 궁금하다. 그저 재수가 없었다고 치부할까. 국가가 네 번이나 동일한 형량을 내린 일에 대해 변명의 여지가 있을까

　아직 생각하고는 한다. 평소에 무언가 쎄한 기분이 느껴지는 사람들을 경계하고는 했는데 이때도 옆자리에 앉지 않았더라면 하고 말이다. 아니면 간단한 스몰토크였지만 아예 대화의 물꼬를 트지 않았으면 어땠을까 하는 생각도 든다. 그러면 이희현은 이희현의 삶을 살고, 나는 그와 접점 없는 삶을 이어갔을 것이다. 그의 혐의가 인정돼 유죄 판결이 난 것으로 그도 고통스럽겠지만, 나의 기억과 고통도 사라지지 않는다. 그런 일이 없었다면 서로가 느끼지 않았을 고통이다.

　소송이 진행되는 동안 판례와 법률을 찾아보며 참고

한 인터넷 카페가 있었다. 성범죄자들이 정보를 얻어가는 곳이었다. 대놓고 성별이 나와 있지 않아 정확히 알 수 없지만 아마 거기에서 조언을 구하는 사람들은 대부분 남자였던 것으로 보인다.

'반성하고 있습니다. 어떻게 하면 원만하게 사건을 처리할 수 있을까요?'

이런 내용의 글이 대부분이었다. 적어도 카페에서 작성한 글의 내용으로 봐서는 이희현보다 그들이 더 책임감 있어 보였다. 절절하게 쓴 글에는 자신의 잘못을 인정한다는 말이 꼭 들어가 있었다. 이런 말이 혹시나 그들이 범행을 저지른 피해자에게 상처가 된다면 미리 사과의 말씀을 건넨다. 또 다른 자신의 피해가 떠올라 불쾌감을 느낄 분들에게도 용서를 구한다. 아예 자신의 잘못에 대해 부정했던 이희현보다는 그 카페 이용자들이 자신의 행동에 대해 비교적 사실적으로 인식하고 있다는 말을 하고 싶었다.

우리나라 법은 범죄자들의 반사회성 교화를 목적으로 하고, 사적 제재는 인정하지 않는다. 내가 아무리 어떤 피해를 입었든지 간에 적당한 절차와 방법을 따르지 않고 가해자에게 직접 응징하는 것을 금지하고 있다. 벌금 300만 원의 형량으로 정말 교화가 이루어졌을지는 아직 모르겠다.

피해자가 범죄자가 되는 현실

앞서 이야기 했지만, 형법 중에 사실 적시 명예훼손이 있다. 아무리 사실이더라도 상대방의 사회적 평가를 떨어뜨릴 만한 내용을 이야기하면 범법 행위가 되는 것이다. 우리나라는 다른 나라에 비해 평판을 중요시 한다고 한다. 정치인이나 유명인 등을 대상으로 한다면 공익성이 인정돼 위법성이 조각되기도 한다. 이전 장에서 이야기 했던 사적 제재 금지와 이어지는 개념이라고 본다.

내가 겪었던 이 일에 대해서 이야기 하면 지인들은 '그 사람을 어떻게 가만히 놔두냐'라고 하면서 흥분을 감추지 못한다. 그런데 내가 할 수 있는 것은 아무 것도 없다. 나 역시 범법자가 되기 때문이다.

공익성이 인정되는 경우는 극히 드물다. 이 두 법 조항을 보자.

제307조(명예훼손) ① 공연히 사실을 적시하여 사람의 명예를 훼손한 자는 2년 이하의 징역이나 금고 또는 500만원 이하의 벌금에 처한다.

제310조(위법성의 조각) 제 307조 제 1항의 행위가 진실한 사실로서 오로지 공공의 이익에 관한 때에는 처벌하지 아니한다.

사실 적시 명예훼손의 문제를 처음 제기했던 신평 교수([2018.03] 공익을 위한 함정, '사실 적시 명예훼손'에서 인용) 의 주장에 의하면 이렇다. 판사들은 '오로지 공공의 이익에'라는 문구는 공공의 이익만을 한정하고 있다고 본다는 것이다. 직접 고발하는 것은 그 피해에 대한 법적, 사법적 보전을 받고자 하는 사익이 개입돼 있기 때문에 적용하기 어렵다. 하지만 해당 법률에 '오로지'라는 한정 문구를 포함하는 나라는 우리나라밖에 없다고 한다. 미국, 영국, 독일 등의 주요 국가들은 사실 적시 명예훼손이 존재하지 않으며, 유럽의 상당수 국가들이 법전에 남겨두고 있어도 사생활 침해와 같은 우려를 규제하는 목적에 불과하다.

대형 사건이거나 피해자와 가해자 중 유명인이 있다

면 모를까 그렇지 않으면 언론에 보도되기 힘들다. 공익성이라는 것은 주로 언론 보도 여부에 따라 결정나는 것이 대부분이라고 한다. 진실을 이야기하는데 국가의 제도에 의해 형사 처벌 받는다는 것은 이 사회의 정서와 변화에 부합하지 않는다는 생각이 든다. 물론 다른 나라의 경우 형사 처벌을 받지 않더라도 민사 상의 소송을 통해 피해에 대한 보상을 받는 경우도 많다. 형사 처벌이 이루어지지 않는다고 해서 민사 상의 피해도 인정되지 않는 것은 아니다.

    2021년 헌법재판소에서는 사실 적시 명예훼손에 대해 5:4의 의견으로 합헌 결정을 내렸다. (2021헌마1113) 위헌 결정은 헌법재판관 9명 중 6명 이상이 찬성해야 이루어진다. 헌법에 의해 표현의 자유가 보장되지만 그것이 다른 사람의 인격권을 침해해서는 안 된다는 것이다. 하지만 위헌 여지가 있다는 의견도 있었다.

"진실이 가려진 채 형성된 허위 과장된 명예가 표현의 자유에 대한 위축효과를 야기하면서까지 보호해야 할 법익이라고 보기 어려워 '법익의 균형성'을 충족하고 있다고 보기 어렵다"

"개인이 숨기고 싶은 병력·성적 지향·가정사 등의 사실적시가 사생활의 비밀과 자유에 대한 중대한 침해가 될 수 있다며 '적시된 사실이 사생활의 비밀에 관한 것이 아닌 경우'에 허위 사실을 바탕으로 형성된 개인의 명예보다 진실한 사실에 관한 표현의 자유 보장에 중점을 둘 필요성이 있다. '진실한 것으로서 사생활의 비밀에 해당하지 아니한' 사실적시에 관한 부분은 헌법에 위반된다."

범죄 경력을 가진 사람이 그 사실을 숨긴 채 좋은 평판과 명예를 획득하게 됐을 경우를 경계한다. 그래서 사생활의 비밀과 자유를 침범하지 않고 이루어진 사실 적시에 대한 처벌은 헌법에 위반된다는 것이다.

여기서 맹점이 하나 있다. 사실 적시 명예훼손은 반의사불벌죄다. 그러니까 당사자가 직접 고소를 하거나 제3자에 의해 고발이 이루어졌을 때, 당사자 본인의 처벌 의사가 있어야 한다. 그래서 범죄 가해자가 피해자를 입막음 하는 수단으로 쓰이기도 한다. 사생활의 비밀과 자유를 침범하지 않는 사실 적시에 대한 처벌은 헌법에 위반된다고 하면서도 사생활에 대한 경계가 명확하지 않아 가해자에 대해 범죄 사실을 알리기 전에 형사 처벌에 대한 위험성 때문에 굉장히 심리적으로 위축감을 갖게 된다.

나는 법 전문가나 전공자가 아니다. 법의 도움을 받아 가해자에게 처벌을 내려졌지만 다른 한편으로는 법에 의해 나 자신도 위축되는 부분이 있었다. 여러가지 헌법 소원과 사례를 살펴보고 나와 비슷한 경험을 겪은 사람이 있다는 예를 들어 피해 당사자로서 느끼는 점을 이야기 해봤다.

국선 변호인에게 느낀 아쉬운 점

국선 변호인이라고 하면 떠오르는 영화 '부당거래'의 한 장면이 있다.

범죄 혐의로 구속 수사를 받는 피의자가 왜 사선 변호사가 아니고 국선 변호사냐고 당황해하며 물었더니

"제가 하루 종일 여기에서 고생하고 얼마 받는지 알아요? 30만 원 받아요" 라며 짜증을 내는 장면이다.

실제로 국선 변호인이 받는 처우와 급여는 어떻게 되는지 모른다. 성범죄 피해자는 국선 변호인을 선임할 수 있

다. 형사 재판 1심 이후 항소심에서 조언에 따라 국선 변호인 선임을 신청했다. 법무부 담당 부서로 전화를 걸어서 자초지종을 이야기 했더니 며칠이 지나 나에게 배정된 변호사 분의 이름과 연락처를 받을 수 있었다. 이름과 연락처를 보고 어떻게 연락을 해야할지 고민하다가 조용한 곳을 찾아 전화를 걸었다.

"안녕하세요. 저는 전승민입니다. 연락처 받아서 전화 드립니다. 맡아주셔서 감사하다는 말씀 드립니다."

도움을 주시는 분이기에 처음부터 최대한 예의를 갖춰 말을 꺼냈다. 돌아오는 대답은 의외였다.
"사건 기록이 몇 백 페이지나 되기 때문에 다 볼 수가 없어서 도움을 줄 수가 없다. 법무사나 다른 변호사 분께 도움을 받는 게 좋을 것이다" 라는 말이었다.

자세한 상황과 여러 가지 맥락에 의해서 판결이 내려지기 때문에 사건 기록을 처음부터 끝까지 보고 정확한 파악을 바탕으로 변호나 조언이 이루어져야 하는 것은 맞다. 나도 사건 기록 열람 허가를 받고 법원에 가서 두꺼운 서류 뭉치를 보고 놀랐다. 그리고 그것을 그대로 가져올 수 있는 것도 아니다. 열람이 허락된 장소에서 복사기로 내가 직접 필요한 부분을 복사해야 했다. 서류 뭉치 상단에 묶여진 철을 제거할 수도 없어서 한 장 한 장 넘겨가며 복사기 위에 갖다댔다. 몇십 장 복사하는 것도 번거롭고 어려웠다. 그때 같은 방에서 아마 변호사인 듯한 분이 옆에 있는 복사기로 서류 뭉치를 한 장 한 장 복사하고 계셨다.

국선 변호인의 차가운 반응에 놀랐다. 예상치 못한 반응이었기 때문이다. 그래도 몇 초간 망설이다가 용기를 내어 물어봤다.

"그러면 제가 재판 진행하다가 궁금한 게 있으면 여쭤봐도 되죠?"

혹시 나중에라도 도움 받을 일이 있지 않을까 하는 기대를 담은 말이었다. 아쉽게도 그 이후로 연락한 적은 없었다.

정확한 조언이나 대답을 듣기 위해서는 질문 또한 정확해야 한다. 그저 추상적이고 뭉뚱그려진 질문을 하면 대답하는 입장에서도 그 정도의 답변 밖에 해줄 수 없다. 정확한 용어를 이해하고 사용하는 것과 그렇지 않은 것 사이에는 큰 차이가 있다. "그 뭐더라 형사 재판 기록을 열람할 수 있게 판사에게 허락해달라고 하는 거 있잖아요" 라고 말하는 것보다 형사기록문서송부촉탁신청이라고 명확하게 이야기하는 것이 대화의 진전과 깊이에 도움을 준다. 기본적인 용어도 모르다 보면 서로 대화가 어긋나서 에너지 소비가 커진다. 그걸 깨닫고 나는 질문 하기 전에 항상 자료를 찾아보고 미리 공부 했다. 그래서 막상 따로 조언을 구할 것이 없기도 했고, 심리적으로 부담스러워서 그 국선 변호사에게 연락을 안 했다.

항소심과 같이 재판이 어느 정도 진행된 후에 도움을 요청해서 그랬는지 모르겠다. 처음부터 도움을 요청했으면 달랐을까. 아쉽게 느껴지는 부분이다.

남자가 뭐 그까짓 일로 그래

나는 유튜브를 즐겨 본다. 유튜브에는 '옛날티비 : KBS 아카이브' 라는 채널이 있다. 오래 전에 방영된 KBS 프로그램을 디지털화 하고 고화질로 리마스터링 해서 업로드한 채널이다. VOD나 OTT로도 찾아볼 수 없는 희귀한 자료가 많았다. 그 중에 <TV손자병법> 이라는 드라마가 있다. 인기리에 방영돼서 아마 그 시대를 살았던 사람들은 모를 수가 없을 것이다. 제목에 손자병법이 들어있느니만치 삼국지의 유비, 관우, 장비 등의 이름을 사용한 인물들이 나오는 직장인 드라마다. 하지만 제목은 손자병법인데 비해 왜 삼국지의 등장 인물 이름을 사용했는지에 대한 의문은 남는다. 어렴풋이 기억하지만 정확히는 기억나지 않아 한 번 유튜브로 1화 에피소드를 봤다.

　　드라마가 방영된 시기는 80년대 후반부터 90년대 초반이다. 약 30여년 전, 한 세대가 지났을 시간이다. 고도 성장기의 풍요로움, 여유로움과 함께 지금과는 많이 다른 분위기를 느낄 수 있었다. 초반부에는 직장 상사가 카풀을 하는 후배에게 이제 나이도 서른이 넘었는데 부모님이 걱정하시지 않느냐고 얼른 장가 가야 하지 않겠냐는 대화가 있었다. 그러고서는 시골 고향에 사시는 아버지가 다짜고짜 연락도 없이 아들 직장으로 찾아와 내 아들이 여기 다니는데 왜 못 들어가냐고 경비원과 건물 1층에서 실랑이를 벌이는 장면, 직장 상사가 그 사실을 뒤늦게 알고 죄송하다며 자신의 자리로 극진히 모시는 장면, 외근을 다녀온 아들이 사무실로 복귀해 아버지를 하숙집으로 모시고 가는 장면, 하숙집에 가서는 아버지가 다짜고짜 고향 처녀라며 맞선 보고 결혼부터 하라고 다그치는 장면, 회사 의무실에 근무하는 간호사를 동기가 짝사랑해서 힘들어하자 대신 찾아가 왜 내 친구 마음 안 받아줘서 힘들어하게 하냐고 항의했다가 전혀 몰랐다는 말에 무안해하는 장면이 이어졌다.

　　요즘에는 상상할 수 없는 장면이다. 만약 요즘도 저런 일이 있다면 각종 인터넷 커뮤니티나 블라인드, 네이트판에 소개돼 모르는 수많은 사람들로부터 끝없는 질책을 받지 않을까. 이 드라마를 보며 세상 많이 달라졌다는 것을 느끼는 계기가 됐다. 아무리 세상이 바뀌지 않는 것 같고 변화가 더딘 것 같아도 뒤돌아보면 많은 진보가 있다는 것을 느낄 때가 있다. 하지만 내가 느끼기에 아직 제자리인 것들이 많았다. 남자 강제추행 피해자에 대한 고정된 인식이나 성에 관련된 잘못된 인식이다.

　　이희현을 두둔하며 나의 대응을 비난하는 사람들이 아마 저 무렵 대학을 다니고 사회에 입문했을 것이다. 성인으로서 가치관을 형성했을 시기다. 40대 후반에서 50대 중반 정도의 나이대다. 그들 중에 그 나이대의 여자들도 있었지만, 남자들이 대다수를 차지했다. 아마 정서에서 비롯한 반응이기 때문에 의미 있는 논리는 없었지만 주로 내뱉는 말은 이랬다. '남자가 뭐 그런 일로 그러냐', '왜 그렇게까지 일을 키우냐'라는 것이었다. 그 말들을 들으면 내 머리는 남자다움이라는 것이 무엇일까 하는 생각으로 이어진다.

그런 편견과 선입관이 남녀차별과 양성갈등을 불러 일으킨다. 진정한 양성평등이란 주어에서 '남자가', '여자가'하는 고정관념이 사라지는 것이다. 물론 차이는 인정하되 차별하지 않는다는 것을 바탕으로 한다. 이희현을 옹호하는 그 주변인들은 아직 세상의 변화를 받아들이지 못하는 것이다. 그 중, 장년층들은 남자다움이라는 개념에 대해 오해를 하고 있다. 그들에게 있어 남자다움이란 남자가 여자보다 우월한 존재라는 사고방식이 깔려있다. 그렇기 때문에 남자는 여자를 항상 이끌어야 하고, 우월한 입장에서 배려와 관용을 베풀어야 한다는 것이다. 더 나아가 성적인 문제에 있어 남자는 항상 주체적인 역할이고, 여자는 객체로서 수동적인 입장이어야 한다는 시각일 것이다. 이 시각이 그들의 행동을 이해하는 데 있어 가장 중요하다. 남자가 주체, 여자가 객체인 사고방식에서는 대상화 되는 대상은 객체일 뿐이다. 그렇기 때문에 객체가 무슨 짓을 하든 주체는 대상화 될 수 없기 때문에 그것이 주체의 성적 자유를 침범할 수 없다. 그래서 자신의 아들이 성범죄를 저지르면 자신이 직접 경찰서로 끌고 가겠다는 말을 하면서, 성범죄를 저지른 여성에 대해서는 비열한 방법을 써가며 두 팔 걷고 적극적으로 무죄를 주장하며 돕는 것이다. 이것은 큰 모순이라고 할 수 있다. 이희현이 법정에서 피고인 진술 때 나를 비난하며 했던 말을 인용하면 적절할 것 같다. '피해자 전승민은 유부남이면서 정의로운 사람이라는 것을 내세우고 싶어서 이희현 본인을 마녀사냥 한다'라는 문장 말이다. 가해자 이희현에게 적극적으로 무죄를 위해 도운 남자들은 자신이 이렇게 여자에게 친절하고 불의를 위해 두 팔 걷고 나선다는 것을 어필하고 싶지 않았을까. 어떤 것이 정의이고 어떤 것이 불의인지 구별 못한 채 말이다.

불과 몇 년 전까지만 해도 남자가 강제추행의 형사 사건 피해자로 인정 받는다는 것은 생각도 못했다. 자신이 살아온 세월이나 말뚝 박아둔 어느 한 시점을 기준으로 세상을 판단하기 보다는 흐름을 읽고 받아들일 필요가 있지 않을까. 세상의 변화를 법과 국가기관은 받아들였다. 남자다움에 대한 잘못된 생각을 고치고, 남자도 피해자가 될 수 있다는 생각이 퍼져 나갔으면 한다. 그것이 개인의 성적 자기결정권과 신체의 자유를 확대해 나가는 방향이 고 남성 뿐만 아니라 여성들도 자신의 권리를 보호 받을 수 있는 기초이기 때문이다.

공정한 세상 가설 (just-world hypothesis)

공정한 세상 가설은 미국의 사회심리학자 멜빈 러너 1966년 최초로 정리한 이론이다. 멜빈 러너는 사람들에게는 이 세상이 공정하게 돌아가고 있으며, 자신을 통제할 수 있다고 믿고 싶어하는 성향이 있다고 한다. 그러나 세상은 공정하게 돌아가지 않는다. 이때 자신의 믿음이 깨어질 것이 두려워 온갖 이유를 갖다 붙인다고 한다. 피해자가 잘못했기 때문에, 혹은 그럴 만한 이유가 있을 것이라는, 이른바 인과응보설이다. 그럴 듯한 이유를 갖다 붙이면 자신은 거기에 해당하지 않는다고 여겨 안심하게 된다. 사회는 공정하게 돌아가고 있으니 피해를 받는 것은 오롯이 피해자 본인의 책임이기 때문이다.

역설적으로 공정에 대한 믿음이 강할수록 2차 가해를 저지르는 경우가 많아진다고 한다. 자신의 노력과 선한 행동은 그에 따른 보상으로 돌아온다고 믿기 때문이다. 성실하고 모범적으로 살아가면 별 문제가 생기지 않아야 한다. 이러한 인지 편향은 부조리한 세상을 계속 유지하게 하는 원동력이 된다. 하지만 개인의 믿음으로 일시적 안정감을 느낄 뿐 사회를 변화하는 데에는 전혀 도움이 되지 않는다는 이야기다.

　　오늘날 제기된 악의 문제에 해답을 얻고자 하는 사람은 무엇보다도 철저한 자기인식, 자신의 전체를 가능한 한 최대한 인식할 필요가 있다. 자신이 얼마나 선을 행할 수 있으며, 어떤 파렴치한 행위를 할 수 있는지를 가차 없이 인식해야 한다. 그리고 전자를 '사실'로' 후자를 '착각'이라고 간주하지 않도록 조심해야 할 것이다. 가능성으로서 두 가지가 다 사실이다.
　　칼융(C.G.Jung, 융 자서전 '회상 꿈 그리고 사상' 중에서)

　　세상은 공정하게 돌아가지 않는 경우가 있을 수 있으며, 자신의 인식에 편향이 있을 수 있다는 것을 인정해야 한다. 그러고 나서 맥락과 사실을 바탕으로 전체 상황을 파악하도록 노력해야 한다.
　　이번 사건을 계기로 나는 이희현 주변 중년들처럼 되지 않아야겠다고 마음 먹었다. 서울 소재 4년재 대학 출신 화이트 칼라 층들을 보며 그들에게서 이런 유아적 확신을 느꼈기 때문이다.

나는 어느 정도 배울 만큼 배웠고, 중요한 사회 계층으로 목소리를 소신껏 내고 있으며, 내 직업과 분야에서도 인정 받는다. 그렇기 때문에 어떤 일이든 거기에 대한 나의 생각과 시각은 지극히 상식적이다.

흔히 농담처럼 '교수도 자신의 분야를 벗어나면 동네 아저씨다'라는 말이 있다. 그저 교수라는 권위에 기대어 전공 분야 이외에도 그럴 듯하게 아는 척 하기 시작하면 망신 당하기 일쑤다. 사회는 고도로 세분화 됐기 때문이다. 통념과 상식만으로 판단하기에는 알 수 없는 것들이 너무 많다. 적어도 어떤 한 상황에 대해 이야기 하려면, 그 상황이 속해 있는 분야의 문법과 배경을 학습한 후에 세부적인 사실 관계를 파악해야 한다. 그렇지 않고서 자신의 소영웅주의나 친소 관계에만 기반해서 큰소리를 낸다면 믿음과는 달리 결과적으로 가해자를 응원하는 꼴이 될 것이다.

얼마 전 한 유명인이 특수아동인 자신의 아들을 정서적으로 학대했다며 아동학대 혐의로 초등학교 특수교사를 고소한 일이 있었다. 특수아동은 학교폭력을 일으켜 학폭위 징계에 따라 다른 학생들과 교실이 분리된 상황이었다. 그때 부모가 제 아이에게 녹음기를 몰래 부착해 학교에서 일어난 일을 녹음한 것이 논란이 되기도 했다. 그들이 주장한 정서적 학대는 그 녹음이 증거였다. 우리나라 법 기준으로는 대화에 참여한 당사자들의 대화 녹취 이외에는 불법이다. 그 대화를 제 3자에게 유출하는 것도 불법이다. 물론 공익성이 인정되거나 했을 때 위법성이 조각되는, 예외의 경우도 있다. 사람들이 이 일에 대해 SNS에서 갑론을박 토론을 벌일 때, 부동산 전문가로 유명한 한 사람이 갑자기 나타나 자신이 아는 다른 사건을 비유로 댔다가 적절치 않아서 오히려 의도와는 달리 녹음을 비난하는 꼴이 됐다.

'어느 한 증권사에서 상사가 입에 욕을 달고 사는 사람인데, 신입이 면담 때 그것을 녹음하고 그룹에 올려 상사가 면직 됐다. 욕을 한 사람인가? 녹음 한 사람인가?' 누가 잘못한 건가?

앞서 말한 것과 같이 녹음을 한 주체가 하나는 제 3자 특수아동의 부모이고 하나는 대화 당사자인 신입직원으로서 전혀 다르다. 법의 적용도 그에 따른다. 여러 사람들이 대댓글로 거기에 반박하자 궁지에 몰려 비아냥대기 시작했다.

'웃기네.. 법정에서 다투는 거는 전문가들끼리 논의할 테니 그냥 결과 나오면 될텐데, 왜케들 누구잘못 누구잘못을 할까? 모두가 한문철인 세상인 듯ㅎㅎㅎ'

평소 유화한 이미지와 수더분한 인상으로 비쳤던 사람인데 의외였다. 나도 그 사람의 컨텐츠를 유튜브로 자주 봤었기 때문에 대단히 놀랐다. 의아해서 나는 그 사람에게 말했다.

'**님도 입 안 대면 됩니다. 당신도 누구 잘못인지 따지려고 처음부터 댓글 단 거 아니었나요'

그러자 역시 입 다물겠다, 잘나서 좋겠다는 비아냥을 계속해서 내뱉고는 나를 차단했다.

언젠가 나도 시대에 뒤떨어진 정의를 고집하고, 나에게 편향된 정의를 외칠지 모른다. 융의 말처럼 나는 선행을 행할 수 있으며, 동시에 악행을 저지를 수 있다는 것을 명심할 것이다.

그럼에도 나는 운이 좋았다

　뒤돌아 보면 힘든 과정을 거쳤지만 나는 운이 좋았다. 가해자는 법의 처벌을 받았다. 많은 사람들이 도와줬고, 응원해준 덕에 용기를 낼 수 있었다. 그래서 당당하게 대응할 수 있었다. 특히 증인으로도 나서줬고 많은 도움을 준 원재 형이 이렇게 얘기했다. 대상에 따라서는 추행에 대해서 사람들이 안 믿을 수도 있는데 믿어줘서 다행이라고 말이다. 비난을 비롯한 2차 가해가 있었지만 결정적으로 반박하는 말은 아니었고 트집 잡기에 불과했다.

　특히나 가해자와 나는 아무 관계도 아니었다. 직장 내에서 위계 질서에 따라 눈치를 보지 않아도 됐다. 위계 질서가 아니더라도 추행에 대한 문제 제기를 하는 순간, 직장 내에서 따가운 눈총을 받을 수 있다. 쟤는 왜 저렇게 일을 시끄럽게 만들까.

　내 사건이 있고 나서 이 책을 쓰기까지 많은 이야기를 또 접할 수 있었다. 직장 내에서 추행이나 희롱을 당해서 직장 상사에게 도움을 요청했더니 해결해 준답시고 피해자를 난처하게 만든 이야기였다. 이야기를 듣더니 바로 그 자리에 가해자를 불러 삼자대면을 하게 했다. 그러고서는 오해 일으키지 말고 매일 마주쳐야 하니 둘이 잘 지내라는 식으로 눙치며 넘어갔다는 것이다. 그런 분위기에서 피해자는 웬만한 용기가 아니고서는 문제 제기를 재차 하기 어렵다.

그리고 또 다른 이유로 용기를 낼 수 없는 사람들도 있었다. 내 사건이 있고 나서 한 지인으로부터 조언을 구한다며 연락을 받았다. 가해자가 꼭 처벌 받았으면 한다는 말과 함께 자초지종을 설명했다. 강제추행 사건을 나홀로 소송으로 진행했으니 무언가 뾰족한 수가 있다고 생각한 것이다. 나에게 조언을 구한 사람은 피해자 본인은 아니었고 피해자와 친한 제 3자 입장이었다. 피해자는 부끄럽고 수치스러워서 이 일을 쉬쉬하고 넘어가길 바란다고 했다. 이야기를 들어보니 어려웠다. 성범죄는 친고죄와 반의사불벌죄 조항이 전면적으로 폐지돼서 피해자가 직접 신고하지 않거나 처벌을 원치 않아도 처벌이 가능하다. 하지만 피해자가 적극적으로 나서서 진술을 해야 하는 상황이었다. 다시 그 상황을 떠올리는 것 자체가 피해자에게 큰 고통이다. 그런 상황이라면 피해자의 의사에 반해서 아무 것도 해줄 수 있는 것이 없었다.

비록 남자가 강제추행 피해자가 될 수 없다는 편견에 부딪히긴 했지만, 한편으로는 남자였기 때문에 정면으로 나설 수 있지 않았나 하는 생각도 든다. 위협을 받을 가능성과 위협을 받을 때 입을 피해가 상대적으로 적기 때문이다. 또 일상에서 위협을 받거나 위협이 일상인 삶을 살아오지 않았다. 나는 대학 전공도 여자가 많은 성비의 과를 나왔고, 현재 일하는 분야에서도 여자가 많다. 그래서 여자들과 동료나 친구로서 많은 대화를 나눌 수 있었다. 그래서 내 아내도 그렇고, 생각보다 많은 여자들이 살아오면서 스토킹이나 이유 없는 위협을 적잖이 당한다는 것을 알 수 있었다.

　이전에 강제추행을 당하고 여러 상황에 가로막혀 대응하지 못하고 그저 삭일 수 밖에 없었던 경험이 쌓여 이희현 사건이 트리거가 될 수 있었다. 그 경험이 없었다면 처음 경험에 당황해서 잘 대응하지 못했을 것이라는 생각이다. 물론 다시 말하지만 어떤 결과가 나오고, 보상을 받아도 이런 일은 애초에 없는 것이 좋다.

　이 책의 주제와 그다지 연관성이 없어서 언급하진 않았지만 이희현 사건 전에 형사 고소를 해서 합의를 본 경험도 도움이 됐다. 인터넷 상에서 나의 프로필에 누군가가 악평을 허위로 작성한 일이었다. 혐의는 허위사실 유포 명예훼손과 영업방해였다. 분한 마음에 아침에 일어나자마자 스마트폰을 들고 다짜고짜 경찰서로 찾아갔더니 고소장을 어떻게 작성해야 할지 전혀 모르는 나를 위해 세세하게 하나하나 수사관이 알려주었다. 덕분에 고소장 작성과 증거 제출을 마칠 수 있었다. 비로그인, 유동아이피의 흔적 밖에 남지 않았던 범인을 몇 개월 추적 끝에 잡았다. 신고를 해놓고 비로그인 이용자라 잡기 어려울 것이라고 생각해 기대하지 않고 않아서 거의 잊고 있던 참이었다. 검찰로 송치된 후에 조정합의를 권유해서 작성자와 대면하게 됐고 사과를 받아냈다. 이때에 비해 조금 더 나아지긴 했지만 간신히 구색을 맞출 수 있었을 뿐 강제추행 고소장 작성 내용도 많이 허술했다.

나는 법률과 각종 판례를 찾아가며 공부한 것이 좋은 성과가 있었지만, 그럴 수 없는 사람들도 많다. 사건 이후에 알게 된 변호사 분과 지인인 한 경찰은 내 이야기를 듣고 나에게 리걸 마인드(Legal mind)가 있는 것 같다고 칭찬해주셨다. 리걸 마인드란 어떤 사안에 대해 일반적인 방식이 아니라 법률적으로 바라볼 수 있는 사고 방법을 의미한다. 사실관계에서 어떤 법률이 적용 되고, 어떻게 적용해야 하는지를 도식적으로 파악하는 능력이다. 쉽게 이야기하면 이렇다. 술자리에서 가볍게 이야기를 나누다가 한 주제가 나왔다.

'버튼 하나가 주어진다. 이 버튼만 누르면 독재자나 극악무도한 인물 중 내가 원하는 사람이 바로 사망한다. 이 버튼을 누를 것인가? 이 버튼을 눌렀을 때 살인죄가 적용될까?'

나는 버튼을 누르는 행위와 해당 대상자의 사망이 상식적으로 봤을 때 인과 관계가 성립되지 않고, 그 인과 관계를 증거로써 입증하기 어렵기 때문에 살인죄가 적용될 수 없다고 답했다. 바로 이런 생각 과정을 말한다. 대학에서 어문계열을 전공했지만 논리적 정합성을 좋아했던 성향 덕분이었던 것 같다.

처음 내 요구에 가해자가 비록 시늉이었지만 사과문을 작성했고, 그 이후에 경찰 피의자 조사 때 변호사 선임을 하시 잃고 아무 생각 없이 혼자 조사를 받았던 것이 유죄 판결에 중요하게 작용했다. 그렇게 첫 수사 과정에서 진술한 내용은 결정적인 판단 근거가 된다. 그 진술은 바꿀 수 없다. 나중에 진술을 번복하는 주장을 내놓게 되면 오히려 신뢰도에 크게 타격을 입어서 불리하다. 성범죄 정보 카페에서 변호사들은 무죄를 받아낸 사례와 함께 첫 대응이 중요하다며 자신을 홍보하고는 했다.

피해를 받고도 사회적 인식과 수치심, 2차 가해에 대한 두려움등 때문에 용기가 나지 않아서 제대로 대응을 하지 못하는 사람들도 많다. 법적 대응을 한다고 해도 입증 단계에서 여러 어려움이 있기 때문에 가해자가 유죄 판결이 나지 않는다면 오히려 가해자에게 결과적으로 면죄부를 부여해주는 셈이 된다. 가해자는 '그것 봐라, 무죄가 나지 않았느냐'라며 의기양양해진다. 무수한 무고 사례도 있다. 하지만 형사 사건에서 무혐의라는 처분은 피의자 신분이 된 가해자에게 죄가 없다는 의미도 있지만, 혐의가 입증되지 않았다는 의미도 담고 있다. 두 의미는 공통분모도 있지만 아예 같지 않다.

'저 말고도 이런 일을 겪는 사람이 또 있나요?'라고 말하며 힘을 얻는 경우가 꽤 있다고 한다. 정신과 의사가 내원한 환자들과 상담을 하다 경험한 일이라고 한다. 자신의 증상이나 상황이 나아진 것도 아닌데 단지 그 사실에 표정이 밝아진다는 것이다. 이 책을 쓰게 된 목적 중 하나다. 피해를 받은 사람들이 용기를 내어 적극적으로 대응하길 바란다.

마무리하며

대학을 다닐 때 법대를 다니던 친구가 이런 것을 물은 적이 있었다.

"강간의 주체가 누가 되는지 알아?"

뻔한 질문을 물을 리는 없고 숨겨진 의미가 있다고 생각했다.

"사람? 사람에 대해서도 정의가 있어?"
"아니, 남자야. 남자만 강간범으로 인정 돼. 여자는 성립이 안돼"

 문득 그 기억이 났다. 이 책을 쓰는 도중에 강간의 주체에 대한 법률은 여전히 남자에 국한돼 있을까 찾아봤다. 대한민국 형법에서는 강간을 '폭행 또는 협박으로 사람을 간음'한 것이라고 규정하고 있다. 2012년까지는 강간죄의 객체가 '부녀'로 한정 돼 있었지만 2013년 6월 '사람'으로 개정돼 성인 남성도 성폭행 피해자로서 보호 받을 수 있게 됐다고 한다. (19일부터 성범죄 친고죄 폐지…강간 객체 '부녀→사람' 법률신문 차지윤 기자 2013-06-18)

법이 개정된지 10년이 넘었지만 아직 현실에서는 문제를 해결하기가 요원해보인다. 경찰청 범죄 통계를 찾아보았다.

2022년 성범죄 피해자 통계

(자료 갱신일 2023년 9월 7일, 출처 통계청)

종류	범죄자 통계		피해자 통계	
	남성 가해자	여성 가해자	남성 피해자	여성 피해자
강간	5,535	71	41	5,403
유사강간	891	26	117	823
강제추행	15,001	573	1,478	14,196
기타 강간, 강제추행 등	277	6	4	219

그리고 이 기사도 눈에 띄었다.

성폭력 피해자 10명 중 1명은 남성이며, 매년 비율이 조금씩 늘고 있는 것으로 나타났다. 9일 한국성폭력상담소의 '2023년 상담 통계 및 동향 분석' 자료에 따르면, 이 상담소에서 작년 한 해 처음으로 성폭력 피해 상담을 받은 사람은 557명이었다. 이중 여성은 497명(89.2%)으로, 성년 여성이 65.7%로 가장 많았다. 남성 피해자도 48명(8.6%)이었다. 남성 피해자 비율은 2021년 5.2%에서 2022년 6.9%로 최근 3년간 그 비율이 매년 1.7%포인트씩 늘었다. (10명 중 1명 남성…성폭력 매년 '점증' 한국경제 김현경 기자 2024-03-09)

강제추행 등 성범죄 피해자로서 남성 비율은 눈에 보일 정도로 증가하고 있다. 하지만 남자 피해자의 경우 남자다움을 강요받는 분위기 때문에 어디에 토로해야 할지 모르겠는 상황에 처하게 된다. 남자 피해자가 늘어나는 것도 문제지만 더 심각한 것은 성범죄 건수가 크게 늘고 있다는 것이다. '2023년 사법연감에 띠르면 성폭력 범죄의 처벌 등에 관한 법률, 강간과 추행, 청소년성보호법 위반 등 전체 성범죄 사건은 2013년 5971건에서 2022년 9706건으로 10년 새 62.6% 증가했다' (성범죄 사건 10년간 62% 증가…'성범죄 전문' 로펌도 특수 누려, 법률신문 이순규 기자 2024-03-14)

얼마 전에 양성평등교육진흥원의 강연을 진행한 적

이 있었다. 여러 강사 분들의 옴니버스 형식 강연이었다. 그중에 미국 뉴욕 변호사를 하다가 한국에서 성평등 인지 교육 강사로 활동하는 남자 강사 분도 계셨다. 강의가 시작 되기 전에 인사를 나누고 자연스러운 분위기 형성을 위해 아이스 브레이킹으로 대화를 주고 받았다. 내가 겪은 일을 이야기하자 대화는 깊어졌다. 요즘 양성 평등은 의무적으로 각종 회사나 기관, 학교에서 받도록 법정 시간이 정해져 있다. 그래서 중, 고등학교에서 강의하는 일이 많다고 하셨다. 양성 평등에 대해서 이야기하면 학생들이 특정 사상을 의미하는 단어(페미니즘)를 거론하며 '선생님 그거 아니냐'라고 거부감을 느낀다는 것이다.

강제추행 등 성범죄 남자 피해자에 대한 인식 개선도 중요하다. 한편 성범죄도 증가하고 있으며 양성 간 갈등도 깊어지고 있는 것도 사실이다. 성별을 떠나 개인에 대한 성적 자기 결정권과 신체의 자유를 모두가 이해하고 사회적 분위기가 형성된다면 갈등과 피해가 줄어들지 않을까 하는 생각이다. 성범죄 남성 무고 피의자에 대한 것도 마찬가지다. 법의 취지대로, 무고로 억울한 일을 당하지 않도록, 그리고 또 성범죄 피해자가 억울하지 않도록 하는 것이 가장 중요하다고 본다.

시사 주간지 시사인의 심층 보도(이제는 돌아와 국가 앞에 선 일베의 청년들, 시사IN 제367호, 2014-9-23)에 따르면 극우 인터넷 커뮤니티 일간베스트 이용자들의 심리 근간에는 '아버지 서사'가 있다고 한다. 8, 90년대 고도 성장기 무렵 지방에서 맨손으로 서울에 올라와 번듯한 직장에 취업해서 결혼하고 자식도 낳으며 아파트 한 채를 갖는, 이른바 흔한 '아버지 서사'가 이제 자신 세대에서는 불가능하다고 생각해 그 좌절감에서 폭력성이 발현한다는 것이다. 이전 세대는 가부장제의 남성 중심 형태로 남성들이 권력과 책임을 모두 갖고 있었지만, 이제는 남자라는 이유만으로 얻는 혜택들이 줄어들었다. 그 혜택은 여성의 기여와 희생에서 비롯한 부분도 있기 때문이었다. 구세대의 남자다움이라는 개념에 매몰돼 줄어드는 혜택에만 집착하는 것이다.

성범죄 남성 피해자에 대한 인식 역시 이런 변화와 궤를 같이 한다고 본다. 변화하는 사회에 따라 그 인식도 발맞춰 가야 한다. 흔히 법과 제도가 지체돼 사회의 변화를 잘 따라가지 못한다고 한다. 하지만 나는 개인적인 경험으로 그 반대의 경우를 겪었다. 개개인의 행동과 생각에 대한 실망이 컸다. 남자 강제추행 피해자라는 소재는 처음에 자극적으로 다가올 수 있겠지만 내가 바라는 지향점과 느끼는 인식은 뜨뜻미지근한 어느 지점으로 보일 수 있을 것 같다. 농담처럼 내가 지금까지 살아온 삶은 항상 양쪽에서 욕을 먹는 중간지점이라고 말한 적이 있다. 어느 한 진영이나 위치를 대변하는 것보다 개개인의 자유와 권리가 더 소중하다고 생각한다. 그리고 그것이 내가 겪은 일에 대한 해결 방법이라고 생각한다. 편견이나 통념으로 게으르게 사건을 접하고 판단하기보다는 맥락과 배경을 파악해 전체 정황을 이해하는 것이 항상 필요하다고 본다.

  재판을 진행하는 동안 첫째 딸을 얻었고, 둘째 아들도 생겨났다. 앞으로 이 두 아이들 모두 지체된 인식으로 피해받지 않는 정당하면서도 유연한 사회가 되길 바란다.